DARKLOVE.

THE GIRL AND THE GODDESS: A MODERN MYTH
Copyright © Nikita Gill, 2020
Publicado pela Ebury Press, selo da
Ebury Publishing. A Ebury Publishing
faz parte do grupo de empresas
Penguin Random House.
Todos os direitos reservados.

Imagens: © Nikita Gill, © Freepik

Tradução para a língua portuguesa
© Ana Guadalupe, 2024

Diretor Editorial
Christiano Menezes

Diretor Comercial
Chico de Assis

Diretor de Novos Negócios
Marcel Souto Maior

Diretor de Mkt e Operações
Mike Ribera

Diretora de Estratégia Editorial
Raquel Moritz

Gerente Comercial
Fernando Madeira

Gerente de Marca
Arthur Moraes

Gerente Editorial
Marcia Heloisa

Editora
Nilsen Silva

Capa e Projeto Gráfico
Retina 78

Coordenador de Arte
Eldon Oliveira

Coordenador de Diagramação
Sergio Chaves

Preparação
Fernanda Marão

Revisão
Jéssica Reinaldo
Retina Conteúdo

Finalização
Sandro Tagliamento

Impressão e Acabamento
Braspor

DADOS INTERNACIONAIS DE CATALOGAÇÃO NA PUBLICAÇÃO (CIP)
Jéssica de Oliveira Molinari CRB-8/9852

Gill, Nikita
  Menina Deusa: um mito moderno / Nikita Gill ; tradução de Ana
Guadalupe. — Rio de Janeiro: DarkSide Books, 2024.
  368 p : il.

  ISBN: 978-65-5598-390-6
  Título original: The Girl and the Goddess

  1. Poesia inglesa 2. Mitologia hindu 3. Literatura fantástica
  I. Título II. Guadalupe, Ana

24-1484   CDD 821

Índice para catálogo sistemático:
1. Poesia inglesa

[2024]
Todos os direitos desta edição reservados à
DarkSide® *Entretenimento* LTDA.
Rua General Roca, 935/504 – Tijuca
20521-071 – Rio de Janeiro – RJ – Brasil
www.darksidebooks.com

NIKITA GILL

Um mito moderno
MENINA DEUSA

Tradução
Ana Guadalupe

Jai Ganesha
Jai Saraswati
Jai Parvati
Jai Kali ma
Jai Durga mata

*Para nós
e para todas as orações
que pensávamos que
ninguém escutava.*

As personagens deste livro sobrevivem a:

Abuso infantil
Abuso sexual
Ansiedade
Bifobia
Bullying
Culpa
Depressão
Gordofobia
Guerra
Homofobia
Intolerância
Machismo
Misoginia internalizada
Pobreza
Racismo
Terrorismo
Violência

SUMÁRIO

Prastaav
Prólogo

19 | Nesta história
20 | Um segredo que quero te contar

Bachpan
Infância

24 | Minha mãe faz uma peregrinação até Vaishno Devi antes de eu nascer
26 | O pedido mais ousado
27 | A primeira visita
29 | A primeira história
33 | Depois da visita
34 | A primeira palavra
35 | O nome mais importante dentre muitos
36 | Mamãe
38 | Toda noite, assistimos ao noticiário
40 | Papai, o que é um terrorista?
42 | Infância
43 | Regras
45 | Aafiya
46 | O final que ninguém nunca me explicou
47 | Um fantasma mora nesta casa
48 | Quando saímos da Caxemira
50 | Como o mundo surgiu: a versão da minha mãe
52 | A caminho de Déli, paramos na casa da Nani
54 | As canções de ninar da Nani
55 | A história que Nani me conta hoje
58 | Como sair do paraíso
59 | Déli
60 | Lar
61 | O parquinho
62 | Papai
64 | O marinheiro

65 | *Baats*
66 | O vendedor de frutas
68 | Eu não quero ser difícil
70 | Com o que menininhas sonham?
71 | A segunda visita
72 | A segunda história
75 | Uma interrupção
76 | A segunda história continua
79 | Outra interrupção
80 | A segunda história (O final)
83 | O que aprendi com Draupadi
84 | Telefonemas
86 | O aeroporto
88 | Indra
90 | Depois que Indra nasceu
92 | O berço
94 | Primeiro dia de aula
96 | O fim da infância

Kishoravastha
Adolescência

100 | Doze
102 | Seis anos em Déli
103 | O que a gente aprende na aula de História
104 | O que a gente aprende na aula de História (2)
105 | O que aconteceu com o povo que os britânicos colonizaram
106 | Os comentários da sra. Krishnan
107 | "Quando eu tinha 4 anos…"
108 | A casa de Shalini
110 | "Mamãe, a gente é pobre?"
112 | Quando eu tinha 8 anos, Nani explicou que o rakhi era…
115 | O que o *rakhi* significa na minha casa
116 | Damini
118 | Para a menina que me chama de Didi
119 | O desejo
120 | Algo mudou depois que escrevi isso, a atmosfera nunca mais foi a mesma
122 | A terceira história
125 | Depois da terceira visita

126 | Assobiando
127 | Sra. Agnihotri
128 | Como ser uma menina revolucionária
129 | Treze anos
132 | Mamãe diz
133 | Se aniversários fossem filmes
134 | Segunda-feira na escola
135 | Cruéis
136 | Peso
137 | Carboidrato
138 | Simples assim
139 | A quarta história
143 | Depois da quarta visita
144 | No dia seguinte, na aula de Inglês
145 | Tarefa da aula de Inglês
146 | Digam às suas filhas
147 | Boca
148 | Catorze
149 | Faço a tarefa de Indra para ele
150 | O mandir
151 | Quando o papai volta do mar
152 | *Bullies*
153 | "O que aconteceu na escola hoje?", mamãe pergunta
154 | Mais coisas que não conto para a mamãe
156 | O que ensinam sobre a Partição na escola
158 | O que eu sei sobre a Partição
159 | Partição
161 | A visita da Nani
162 | "Alguém já te contou a história de Dussehra e Diwali?"
163 | Uma princesa
165 | "Mas, Nani, por que Kaikeyi era assim?"
167 | O que aconteceu depois: o Ramayana
170 | Mais tarde, depois da história, Nani pergunta
171 | Amizade: uma lista
172 | A introvertida tenta fazer amizade
173 | Sam me manda bilhetes
175 | Minha Nani é mágica
176 | Visitando a casa do Sam
178 | Quinze
180 | Educação Física

182 | O vestiário feminino
184 | Acontece que
185 | A mensagem
186 | "Do que você está rindo?", minha mãe pergunta
enquanto veste Indra para a aula
187 | Agora nós trocamos mensagens todos os dias
189 | O problema é que a aula de Biologia
me lembra da vergonha
190 | No tuk-tuk
192 | Dilli Haat
193 | *Momos* e Shalini
194 | O desenho
197 | Voltando para casa
199 | Depois, no meu quarto, escrevo um poema para Mahi
200 | Histórico de pesquisa
201 | Eu esperava
202 | No dia seguinte
203 | Passando bilhetes de novo
204 | A sala de arte
206 | Aquela cara
207 | Andando pelo corredor logo depois
208 | O que acontece em seguida
210 | Se o universo fosse justo
212 | Na cova dos leões
214 | No carro, na volta para casa
215 | No meu quarto
216 | Para Mahi
217 | Sonhos
218 | O medo e a raiva se misturam
219 | Shikhandi
222 | A quinta história
224 | Depois da quinta história
225 | No dia seguinte
226 | Apesar de tudo, vê-la me faz sorrir
229 | A diferença entre "sozinha" e "solitária"
230 | A biblioteca
231 | Sam sabe de tudo
233 | Quando volto para a sala
234 | Depois da aula
235 | Naquela noite
236 | Hoje é uma chance de começar tudo de novo
239 | A casa da Nani

240 | Café da manhã com Nana-Nani
242 | O conto do vovô
244 | Na manhã seguinte
246 | O templo da casa
247 | As cartas
248 | Naquela noite

Naaretv
Vida adulta

252 | Uma nova cidade
254 | Londres
255 | A mamãe mal falou comigo antes de eu partir
256 | Curso de belas-artes
257 | Estudantes estrangeiros
258 | "Você está perdida?"
260 | Dormitórios
261 | Ratri
263 | A sexta história
266 | Agora eu sou mais velha
267 | Depois da sexta história
268 | Passo a noite toda acordada
269 | As ruas de Tooting
272 | Devon
274 | A verdade
275 | Devon tem que ir para a aula daqui a pouco
276 | Não sei o que estou fazendo aqui
278 | O convite
280 | "Ô, paqui!"
284 | Terror
285 | Enfim consigo respirar
286 | Minha primeira aula é logo cedo
287 | Pego ônibus, e não metrô
288 | O caminhão que me atropelou
290 | Joy
292 | O braço da bruxa
293 | É hora do rum!
294 | Alexia
296 | Sotaques
299 | Se eu ainda conseguisse escrever poesia,
         eu escreveria: bilíngue

300 | O apartamento de Joy
302 | A verdade sobre mães que amam suas filhas
303 | A leitura
305 | A dor de Joy
307 | Ligando para a mamãe
309 | O primeiro mês
312 | Sam me liga
314 | Em vez da carne assada de domingo
316 | A visita
317 | A sétima história
320 | Depois da sétima história
321 | Acho que talvez eu entenda
322 | Descobertas
325 | A prova (ou o dia que tem me causado pesadelos há meses)
327 | Nota D
328 | Sair e curtir
330 | O incidente
335 | A escuridão
337 | Kali
338 | A oitava história
340 | O caminho de volta
341 | Para meninas feitas de fogo
342 | Amanhecer
343 | Um pedido de desculpa
345 | O que aprendi sobre sororidade
346 | A festa do Diwali
349 | O sorriso dele me deixa com as pernas bambas
352 | A ligação
354 | O livro
357 | A nona história
360 | Eu respiro fundo

Upasanhaar
Epílogo

364 | Mamãe e eu visitamos Vaishno Devi

366 | Agradecimentos
367 | Sobre a autora

Prastaav

Prólogo

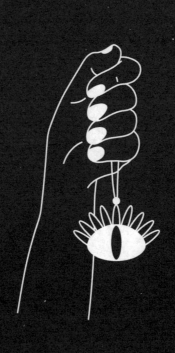

Nesta história

Uma garota teimosa
e obstinada, que comete erros
suficientes para encher um oceano.

Uma família que tenta se encontrar
em meio às consequências
da guerra e da Partição.

E um panteão
de deuses e deusas que surgem
quando menos se espera.

Por isso, quando chega para ficar,
a magia traz consigo
uma tempestade de emoção.

Um segredo que quero te contar

Tem uma coisa
que você precisa saber
antes de ler esta história.

Apesar de ter me esforçado,
ainda não sei
me amar.

Mas eis
o segredo
que ninguém me contou:

Não tem problema.

Não tem problema em sentir
que às vezes você se afoga
em seu próprio corpo.

Não tem problema em chorar
como um céu devorado
pela tempestade.

Não tem problema em saber
que há feridas dentro de você
que ainda impedem a cura.

Sobreviver não é bonito.
Se curar é caótico.
O amor-próprio não é fácil.

Seus dias difíceis
ajudam você a crescer
tanto quanto seus melhores dias.

Tudo isso
faz parte
da experiência humana.

Você e eu,
nós não precisamos
aprender sozinhas

aquilo que podemos aprender juntas.
A ser gentis conosco.
A ser generosas conosco,

principalmente quando parece
que a vida é feita mais de finais,
do que de começos.

Eis outro segredo que ninguém contará a você:
ninguém é mestre do amor-próprio,
nem mesmo os deuses e as deusas.

Bachpan

Infância

*Só se oferece
dois tipos de magia
aos seres humanos neste mundo.*

*Um é o amor.
O outro,
a oração.*

Minha mãe faz uma peregrinação até Vaishno Devi antes de eu nascer

A primeira vez que minha mãe pratica sua magia
é diante da deusa sob os cuidados de sua montanha.

Com os olhos fechados e as mãos cobertas de henna,
ela fala, em oração, da criança que carrega no ventre.

Em uma caverna onde tudo tem o perfume da água,
ela pede uma filha em vez de rezar por um filho.

Pede uma menina de olhos tão escuros que a própria lua
se apaixona e implora para morar com as duas.

Pede uma menina com cabelos opacos como o pescoço de um
mainá-indiano
quando começa a aprender a falar-cantar.

"Permita que ela seja forte, muito mais forte que eu.
Permita, deusa-mãe, que essa bebê tenha sua coragem,

o mesmo vigor, a mesma facilidade
que você teve para dominar seus inimigos.

Permita que ela seja um pouco menos humana, um pouco mais divina.
Dê uma armadura ao seu coração, para que não se quebre fácil como o meu.

Dê isto a ela, e ela deixará de ser
minha filha, pois será prometida a você."

Somos um povo espiritual.
Quando fazemos a longa peregrinação

até a deusa da montanha,
muitas de nossas preces se realizam.

Se somos mestres da manifestação
ou se nossos deuses prestam mais atenção, cabe a você responder.

Permita,
deusa-mãe,
que essa
bebê
tenha sua
coragem

O pedido mais ousado

Minha mãe, aliás,
ganhou a filha destemida
que pediu.

*(Cuidado com o que deseja.
Às vezes o universo escuta,
como uma criança ouve seus pais.*

Com atenção até demais.

Absorvendo,

                    absorvendo,

                                      absorvendo,

até estar prestes a explodir.

*E a alquimia desse caos
é o que faz a pior versão
do nosso melhor desejo se realizar.)*

A primeira visita

Quando a deusa faz sua primeira visita,
o que me define é a voz da minha mãe,
mas a natureza silenciosa é do meu pai.

Eu sou um quebra-cabeça
que essa família monta
a cada ligação.

O nariz do meu avô.
As bochechas da minha avó.
As mãos da minha tia.

Todos eles tentam
se encontrar em mim
como se eu fosse um espelho e não
uma criança

Sou a primeira filha mulher
em seis gerações da minha família paterna,
a primeira filha dos primeiros filhos.

Para a deusa nada disso importa,
na noite em que se debruça sobre o meu berço,
os cabelos fluindo sobre o meu rosto como um rio noturno.

Tudo que ela é grita
tempestades de gelo e fúria desmedida,
mas eu sou muito jovem para conhecer o medo.

Seus olhos abertos encaram os meus,
abundância de ouro em seus pulsos
e o pescoço refletindo a luz da lua.
Algo sem nome que recende
a enxofre e jasmim paira entre nós
até que sua boca se ergue em um sorriso e ela fala.

"Tudo que você é
pode até parecer outra pessoa,
mas esse espírito foi um presente meu para você
                e para mais ninguém."

Ela coloca a mão no berço,
me levanta até eu estar diante do abismo.
"Venha. Está na hora de você ouvir a primeira história."

A primeira história

Há deuses que você conhece e deuses que você não conhece. Mas eles são os mesmos deuses. Essa é a parte da história que você deve saber antes que te ensinem uma versão diferente. Nossa criação não se assemelha a nenhuma outra, pois três deuses se tornam nosso triunvirato. Chame-os de Trimurti, a antiga palavra do sânscrito para "três formas".

A ciência dá outros nomes a essas forças. Ela as chama de criação, manutenção e destruição.

Mas nós somos um povo mais lírico, e a arte de contar histórias se manifesta em nosso âmago.

Nós os chamamos de Brahma, aquele que cria; Vishnu, aquele que preserva; e Shiva, aquele que destrói. Tudo que você aprenderá tratará deles, da benevolência de Brahma à divindade de Vishnu e ao equilíbrio de Shiva. Você vai visitar templos e vai adorá-los, vai comer *ladoos* macios e doces que lhes serão dados pelos *pujaris* do templo como bênçãos, até que o açúcar e a oração se tornem uma coisa só em sua mente.

Então esses três deuses criaram os céus:

os Devas, outros deuses de elementos como o vento, o fogo e a água;

e os Asuras, os semideuses tanto das intenções boas e ingênuas quanto das más, que às vezes são confundidos com demônios.

Mas o que nunca lhe dirão é a quem tanto deuses quanto semideuses temem. Esta é uma dessas histórias. Além do reino dos humanos, no centro do universo, há uma floresta dourada. As árvores chegam mais alto do que em qualquer outro planeta. Os pássaros vão desde pavões elegantes com penas cor de malva a águias capazes de carregar exércitos. Leões com olhos de esmeralda e jubas prateadas volumosas rugem enquanto gazelas com olhos de diamante correm por essa terra metálica e ao mesmo tempo macia.

Agora imagine a paz desse solo sagrado perturbada pela violência da guerra. O sangue platinado sendo derramado por deuses que resolveram matar seus iguais.

Foi nesse lugar que eu nasci.

Somos seres arrogantes. Acreditamos que devemos abençoar com benefícios aqueles que rezam para nós, mas ninguém sabe como pedir de volta esses benefícios, e esse é o maior defeito do nosso universo. Brahma cometeu esse erro. Um trilhão de anos atrás, antes de a Terra respirar pela primeira vez, um Asura chamado Mahisha pediu, em suas preces, para ser imortal. Brahma, comovido por seus anos de dedicação às orações, lhe ofereceu um benefício que estipulava que poderia ter tudo, menos a imortalidade, pois ela cabia somente aos deuses.

Mahisha pensou longamente e então pediu: "Sendo assim, senhor, se eu posso morrer, faça com que seja pelas mãos de uma mulher, e apenas de uma mulher". Mahisha se achou muito perspicaz, ainda mais perspicaz que os deuses. Certamente nenhuma mulher comum poderia matá-lo. Brahma, sem titubear, abençoou o jovem semideus, e assim, em um piscar de olhos, assinou o contrato para uma guerra que duraria séculos.

A primeira atitude de Mahisha foi causar destruição. Ele tomou sua tribo de semideuses, aterrorizou sozinho seus primos, os Devas, até que deixassem sua morada.

Quando suas forças se esgotaram, os Devas procuraram Shiva, o destruidor, e imploraram por sua ajuda. Através do poder da oração do grande deus, do chão da floresta dourada eu me ergui. Eu me tornei maior e mais brilhante sob meu sari carmesim, a cor do sangue lembrando a eles que as mulheres se acostumam com a violência desde o nascimento; nascemos indomáveis de maneiras que eles nunca vão compreender. Foi a partir do pó dourado que tomei forma.

Cheguei montada no meu leão fiel e feroz. Meus muitos braços, cada um segurando uma arma. Já Mahisha? Ele riu e disse em tom arrogante: "Como os Devas poderiam pensar que eu seria derrotado por essa simples mulher?".

Aqui há um truque, minha querida. Devemos deixar que nosso inimigo nos subestime. Quando isso acontece, você vencerá todas as batalhas, pois assim lhe dão a bênção de surpreendê-los com sua coragem, sua brutalidade e sua sabedoria.

Quando Mahisha baixou a guarda, porque pensou que me derrotar seria fácil, eu o ataquei com a força das nove deusas que há dentro de mim.

O exército dele caiu aos pés de todas as mulheres que existem em mim. Seus cavalos correram, livres. Ainda assim, ele tentou se transformar em um búfalo para tentar me vencer. Mas eu fui brutal e violenta do jeito que ensinam as mulheres a não ser. Com minha crueldade, acabei com a vida dele em um só golpe de espada.

Não é à toa que dizem que Devi é a deusa mais poderosa entre todos os deuses. Porque mesmo quando os deuses não podiam salvar o universo do mal, era a Devi que chamavam. Por isso a Devi reencarna tantas vezes quanto os deuses. É assim que mantemos o equilíbrio.

Quanto à floresta dourada, hoje ela reside em mim. Eu a engoli inteira, para que continue viva por toda a eternidade.

Depois da visita

A deusa me põe para dormir mais uma vez,
olhos de abismo ainda presos ao meu rosto pequenino.

Com os sons de pulseiras tilintando
e um milhão de estrelas que explodem em silêncio,

ela desaparece de vista.
Anos depois, minha mãe me perguntaria:

"Qual é sua primeira memória?".
E eu me lembrarei:

uma mulher revolucionária
que engoliu uma floresta dourada.

E não um dos mais de cem parentes
que haviam visitado meu berço.

A primeira palavra

Acontecerá assim:

A manhã sempre começa
com orações para Ganesha,
o deus com cabeça de elefante
e uma só presa.

Então o sol dos caxemires
invade o recinto.
A família se senta para o café
na velha mesa de mogno.

O rádio toca músicas
dos filmes de Dev Anand.
É uma forma agradável e conhecida
de começar o dia.

Uma mesa repleta
de ovos e frutas,
e *paranthas*, e amor,
e conversa.

Uma família fraturada
que ainda
sabe valorizar
a arte da comunicação.

Mas hoje é diferente.
Hoje o bebê, com apenas seis meses,
idade em que ainda não deve falar,
dirá sua primeira palavra.
Alá.

O nome mais importante dentre muitos

Talvez os antigos estivessem certos quando disseram que o teste de Deus está escondido em tudo que não podemos explicar. Talvez seja por isso que, quando criança, a primeira coisa que falo é o nome de Deus. Sou muito pequena para saber as diferenças entre as religiões. Sou muito pequena para entender as tensões religiosas entre os hindus e os muçulmanos. Minha família é hindu. Vivemos na Caxemira. Isso diz muita coisa. É perigoso para todo mundo, independente da fé, se sentir seguro aqui. Mas essa é a única casa que conhecemos. Uma vez, há muito tempo, éramos todos amigos, vizinhos, familiares uns dos outros. Agora feridas antigas tingem de vermelho o solo sobre o qual vivemos. Velhas mágoas moldam narrativas, transformando-as em armas de desconfiança. Mas o que um bebê sabe sobre crenças religiosas e conflitos armados? As crianças absorvem tudo, eles dizem. Elas repetem o que escutam. Eu digo o nome de Deus porque a voz mais aconchegante que ouço vem de uma mesquita que fica perto da casa em que moramos. Toda manhã uma voz límpida e melíflua me desperta de meus sonhos infantis. Ela envia uma oração aos meus ouvidos no instante em que abro os olhos.

De que outro milagre preciso?

Deveria fazer diferença se o nome proferido é Alá ou Ganesha, quando sua manhã começa com o nome de Deus?

Mamãe

Mamãe é o calor do fogo.
É uma deusa sem poderes
em um mundo em que a masculinidade deu errado.
É mística, embora tentem
convencê-la do contrário.

Mamãe é a segunda palavra que eu aprendo,
mas ela tem mais orgulho da primeira,
porque falei o nome de Deus.

Mamãe trata os pais do meu pai
com gentileza, mesmo que eles
a tratem com maldade.
Ela me chama de seu milagre
em um mundo que a decepcionou
com milhares de pequenas indignidades.
Lê para mim histórias sobre Jhansi ki Rani
e sobre quando a deusa Durga
eliminou a ganância
antes dos contos de fadas ou do Panchatantra.

Mamãe diz: "Paro, você não vai
precisar lutar como eu precisei,
porque eu vou lutar por você".
Diz: "Eu me casei com um homem
melhor do que meu pai jamais foi
e fiz isso por você.
Para que você pudesse crescer".

Mamãe não deixa ninguém
me punir
sob o pretexto de que
"um dia a criança será a esposa".

Mamãe me ensina desde cedo:
"Ao contrário do que vão tentar lhe ensinar,
'menina' não é palavrão.
'Menina' é poder.
'Menina' é fúria.
'Menina' é nunca-desista-
-o-mundo-não-vai-me-vencer".

Toda noite, assistimos ao noticiário

O noticiário diz:

"Um conflito com o exército em Srinagar
deixou sete mortos.
Dois eram crianças".

E nosso piquenique
do dia seguinte
é cancelado.

O noticiário diz:

"Uma ameaça de bomba foi
registrada no lago Dal.
Hoje o toque de recolher começará às seis".

E precisamos
desistir de ver um filme
nessa noite.

O noticiário diz:

"Terroristas dispararam
duas granadas e mataram oito
em Lahore".

E a tia Sania
nunca mais vem
nos visitar.

O noticiário diz:
"Falamos com um pai
que acabou de perder
sua filha".

O noticiário diz:

"Tudo que ele queria
era se despedir
dela".

O pai no noticiário diz:

"Oramos
pela
paz".

Exatamente como meus pais dizem:

"A gente
precisa de
paz".

Exatamente como meus avós dizem:

"Será que
um dia
teremos paz?".

Papai, o que é um terrorista?

Meu pai tira os olhos do livro,
as sobrancelhas grossas franzidas.
"Onde você ouviu essa palavra?"

Eu me remexo um pouco de um lado para o outro,
minhas mãos cruzadas à minha frente.
"O homem na TV disse."

"O apresentador", papai me corrige,
depois pousa seu livro
e coça os olhos com sua mão grande.

Depois de eras, ele me diz:
"São pessoas que machucam outras pessoas
por aquilo em que acreditam".

Fico pensando no que ele disse.
"Eles são malvados?", pergunto.
Então seus olhos se enchem de tristeza.

Eu sempre sei que ele está triste
quando seus olhos ficam vermelhos.
"São pessoas machucadas", ele diz, enfim,

"e ensinaram a eles
que a única forma de superar a dor
é causando dor a outras pessoas."

Ele me olha nos olhos,
"E você nunca deve causar dor a uma pessoa inocente
só porque você está sentindo dor. Entendeu?"

Assinto lentamente. O silêncio paira entre nós,
a morte e a dor, tão inexplicáveis,
deixam o ar pesado.

"Vá brincar, Paro", diz meu pai, por fim,
"vou terminar meu livro."
Mas quando eu me viro para encará-lo,

ele está olhando pela janela,
o livro abandonado sobre a mesa,
lágrimas caindo pelo rosto.

Infância

A infância é bonita porque
somos capazes de transformar o que é banal em magia.
Brinquedos ganham vida quando não estamos olhando.
Toda cozinha está cheia de ingredientes para poções.
Jardins abrigam criaturas mágicas.
Vemos nossas vidas transformadas em histórias
nas quais o "felizes para sempre" é garantido —
porque as pessoas boas sempre vencem,
as pessoas más sempre perdem,
e *nós* somos as pessoas boas, não somos?

É assim que as coisas devem ser,
não é?

Não é à toa que dizem que crianças podem sobreviver a qualquer coisa.
Nessa idade ainda não vemos a vida como algo em que podemos fracassar.

Regras

Mamãe diz:
se beber o leite com Rooh Afza bem rápido,
você pode ir lá fora brincar com Aafiya.

Não *muito* rápido porque o *sharbat*
pode te fazer vomitar.

Dadi diz:

Você andou brincando na lama
com a filha do vizinho?

Pare com isso, Paro, eles não são como nós.
Olhe como suas roupas estão sujas.

Dada diz:

Ela parece ser uma boa menina,
mas não a convide à nossa casa.

Você sabe o que seu Dadi acha
da família da casa vizinha.

Papai diz:

Não dê atenção a nenhum deles.
Você faz amizade com quem quiser.

Nossos corações batem igualzinho,
sejamos nós hindus ou muçulmanos.

Somos
capazes de
transformar
o que é
banal em
magia

Aafiya

Se precisasse descrever algo bonito, eu descreveria o pé de lichia no jardim, à sua maneira tão abundante quanto uma avó, seja por oferecer abrigo ou nutrição. Ou talvez a lua. A lua, cintilando no quarto que eu dividia com meus pais, minha cama pequenina junto da grande janela porque eu gostava de adormecer olhando as estrelas. Mas a beleza em forma de gente só vi em Aafiya. Olhos vivos de um tom verde-floresta, e cabelos revoltos que pareciam nunca ter visto uma escova, sorriso sempre um pouco torto, uma janelinha onde seu dente da frente havia caído, onde seu dente de adulta ainda não tinha nascido. Ela sempre usava brinco em uma só orelha e sempre dava uma justificativa diferente quando eu lhe perguntava sobre isso. Hoje ela me conta que um cachorro mordeu a outra orelha e arrancou o brinco, depois dá risada da minha cara de choque. "Paro", ela diz, rindo, "é tão fácil te enganar." Eu fico vermelha e tento disfarçar dando risada também. Passamos os dias tentando fazer baús do tesouro com flores e frutas do pomar. Brincamos de Rani-Rani e as duas têm a chance de ser rainhas, porque não precisamos de reis para governar nossos reinos de filhotes de vira-lata, garças, gansos e árvores frutíferas. Deslizamos os dedos pela lama que fica ao lado do pequeno riacho para fazer um riacho ainda menor e depois outro, até que todos brilham sob o sol enquanto corremos, tentando enxugar as mãos na *kurta* da outra. Quando enfim chego em casa sempre me escondo da minha avó, mas hoje é diferente.

Hoje, a casa está mortalmente silenciosa, assim como toda a minha família, reunida na frente da televisão. Mamãe e Dadi escondem o rosto, mas vejo que estão quase chorando. Meu pai me pede para fazer silêncio quando pergunto o que acabou de acontecer, e ninguém me explica por quê.

O final que ninguém nunca me explicou

Aafiya nunca mais
vem brincar.

Pergunto sobre ela todos os dias.
Mas todo mundo desvia o olhar.

Nunca mais a vi.

Um fantasma mora nesta casa

Ele se esconde no tremor
nas mãos da minha avó. Às vezes
o vejo enrolado na língua do meu avô
antes que suas palavras, geralmente tão claras, lhe faltem.

Ele passa pela tela da televisão
quando o noticiário fala da nossa terra.
Coisas ruins aconteceram aqui,
eu tenho apenas 5 anos e já sei.

Somos um povo delicado, mas forte,
e talvez isso nos faça vítimas fáceis para a assombração.
Fazemos de tudo para demonstrar felicidade,
mesmo que seja apenas para os outros verem.

Fazemos de tudo para transformar as sombras
em fardos mais leves.
Ninguém quer ver as pessoas que ama
carregando um espectro tão pesado.

Essa espada sobre o nosso pescoço,
essa reverberação que não tem nome.
A pergunta que nunca cala:
"O que resta de uma família
                depois da Partição?".

Quando saímos da Caxemira

Tenho 6 anos e ninguém me explica o motivo.
Eles sussurram entre eles
e eu capto as palavras com os ouvidos atentos
que herdei do meu Dadi.

Partição. Começar de novo. Déli.
Palavras tão proibidas que se tornam sussurros.
Independência. Separação. Casa.
Palavras ainda mais baixas que um murmúrio.

A viagem é longa no velho Fiat branco.
Cansada de ver a estrada desaparecendo
e o tempo avultando, eu pergunto à minha mãe:
"Mamãe, o que é Partição?".

Minha mãe respira fundo.
Meu pai pigarreia de leve.
Ela demora muito para falar.
As palavras saem emboladas,

como se dificultassem
sua respiração.
"Foi um momento terrível, *jaan*.
O país foi dividido em duas partes.

Uma parte é onde vivemos, a Índia.
A outra virou um país diferente, o Paquistão.
Muita gente dos dois países morreu.
Na nossa família também."

Eu ainda não entendia morte,
embora tivesse sido criada ao lado dela.
"Quem, por exemplo?", perguntei, me arriscando
naquele momento de rebeldia.

"Seu Dadi perdeu dois irmãos.
Sua Nani perdeu três irmãs e um irmão."
Eu não sabia o que eram irmãos,
então dessa vez insisti um pouco mais.

"Mas como se divide um país?"
Minha mãe se virou
e me olhou nos olhos com atenção.
"Eu lhe contarei quando você for mais velha."

Volto a me recostar no assento de couro morno,
chateada, minha boca transformada em um bico.
"Que tal, então", diz mamãe, querendo me acalmar,
"se eu lhe contar a história de como o mundo surgiu?"

Como o mundo surgiu: a versão da minha mãe

No começo, não havia nada.

E então o amor nasceu.

A primeira forma de amor foi a deusa. Como o amor sempre faz, não conseguíamos vê-la, só conseguíamos sentir que ela estava presente.

Vamos chamá-la de Devi, a fagulha divina, a eterna. Ela é a mãe do universo e de tudo que vem depois. São seus dedos que tecem o ovo dourado ornamentado que contém tudo que conhecemos.

Com sua gentileza e bondade, o ovo choca e se abre, e o senhor Vishnu, o criador, nasce, tão formado e perfeito quanto sua mãe imaginara. Vishnu, com seus cabelos escuros, seus quatro braços, sua expressão doce, uma guirlanda de jasmins no pescoço e uma coroa dourada sobre a cabeça. É Vishnu quem cria o senhor Brahma, de quatro cabeças, dentro de uma flor de lótus.

Brahma, que ainda não conhecia esse estranho cosmos, e se perguntando quem é, como todos nós fazemos desde o momento em que nascemos, decide retratar os sonhos que teve. Ele usa as pétalas do lótus de seu nascimento para criar o céu, a terra, a água. Ele cria os deuses, que por ele serão chamados de Devas, e também seus primos, os Asuras. As estrelas, os planetas e a lua e, por fim, nossa mãe Terra.

Mas ainda falta alguma coisa. É que não pode haver vida sem morte.

Para o equilíbrio existir, tanto luz quanto escuridão também precisam existir. Tudo que vivemos vem em ciclos, Paro.

Lembre-se. Até a Terra e o universo em que vivemos são parte de um ciclo.

É nesse momento que senhor Shiva, o destruidor, começa aos poucos a revelar sua presença. Shiva, com sua pele azul, a cobra enrolada no pescoço, a lua nos cabelos, já destruiu o universo no passado e o fará novamente quando a escuridão se tornar maior que a luz. Quando todos os seres se tornarem mais cruéis que bons. Quando o universo precisar nascer de novo.

Devi sorri para os três deuses, ou Trimurti, e diz: "Vão em frente. Criem. Destruam. Acima de tudo, garantam que a verdade e o espírito prevaleçam".

A caminho de Déli, paramos na casa da Nani

Um dia, em algum lugar do futuro,
alguém com olhos gentis vai me perguntar:
"Pra você, como é o paraíso?".

E eu vou responder,
sem pensar duas vezes:
"A casa da minha avó".

Acho que devo admitir que tenho sorte.
As pessoas passam a vida inteira procurando o paraíso
e eu o conheço desde que nasci.

Uma casa que não parece casa, parece mais o palácio de Deus.
Um jardim que não parece jardim, parece o cosmos.
Parece o universo.

Se houvesse uma entrada para o céu,
sem dúvida
seria lá.

Não por ser grande, pois é pequena.
Não por ser repleta de bens materiais,
mas porque o amor transborda.

Minha avó abre seu coração para as pessoas.
É por isso que o paraíso é bem aqui.
Em uma casinha silenciosa escondida atrás dos pés de lichia.

Se não ouvisse os tiros, você esqueceria
que estamos a apenas dez quilômetros da fronteira,
uma fonte de preocupação constante para a minha mãe.

E talvez o paraíso para você seja outro,
mas para mim é aqui, e é assim.
É nos braços da minha Nani

que eu encontro a paz.
Se houvesse uma entrada para o céu,
sem dúvida seria aqui.

As canções de ninar da Nani

Ela me chama de Raja Beta
e Dil Ki Tukdi
e Encanto.
Tem um quarto apelido,
mas a gente sempre esquece qual é.

Toda noite,
antes de eu dormir,
ela canta para mim
cantigas de ninas
da Chanda Mama
e da Machli Jal Ki Rani.

Ela diz que um dia
vou me cansar delas,
mas não consigo imaginar
como seria não querer mais
ouvir suas cantigas de ninar.

Avós são um presente
que não devemos subestimar.
Tantos as perdem
antes de ter a oportunidade
de conhecer sua magia.

Agradeço por ter nascido
com esse conhecimento em mim.
Ela me ensinou
como poderei ser
uma boa ancestral.

Pelo menos isso —
amar sua presença,
valorizar sua sabedoria —
é algo que sei
fazer como ninguém.

A história que Nani me conta hoje

O pai do meu pai plantou florestas.
Com as próprias mãos ele nutriu
a terra e plantou
muda após muda.

As pessoas diziam que a deusa Aranyani
guiava suas mãos, a deusa das florestas
e dos alces e dos coelhos e dos lobos
e de tudo que é selvagem e livre.

Ele disse que ela falava com ele
pela casca da árvore,
sussurrando sabedoria
através de seus dedos.

"As pessoas são árvores",
ele sempre dizia.

"Não são, não",
meu pai discordava,

"porque as árvores ficam onde estão."

Mas ambos concordavam,
em pé em uma floresta que Bade Papa
plantou sem a ajuda de ninguém, que
florestas são famílias.

Desde que
a copa
permaneça intacta,
toda árvore está protegida.

Desde que
as raízes
cresçam no fundo da terra
e se entrelacem umas nas outras

como se dessem as mãos,
elas continuarão,
de alguma forma, em algum formato,
mesmo quando são cortadas ou derrubadas.

Você não pode destruir uma família.
Nem se tentar.
Nem se causar uma guerra.
Sempre resta alguma parte dela.

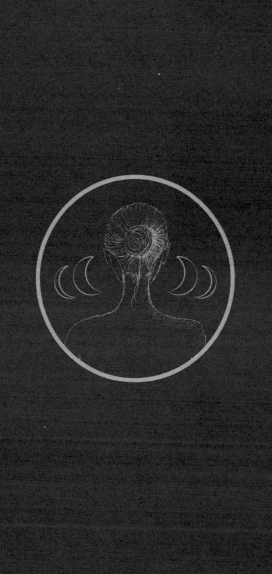

Como sair do paraíso

Não saia.

Esconda-se no quarto de Deus.
Abrace sua avó
e não solte a mão dela por nada.
Feche os olhos e reze.
Chame a Devi.
Diga aos céus que você quer ficar
só mais um dia.
Grite quando seu pai
tentar te levar.

Enquanto vê o paraíso
encolher a cada quilômetro
que separa você
da sua avó,

chore,
e chore,
e chore.

Mas não esqueça. O paraíso
nunca te prometeu
nada.

Déli

Não é a Caxemira. Nem se compara.
Aqui todo mundo corre e nada nunca para.
Mamãe aperta minha mão com mais força.

Os olhos do papai parecem um pouco preocupados.
Ninguém me diz o que esperar
então aprendo a me guiar pela cidade pelo cheiro.

Perfumes de calêndula e rosa
indicam que estamos passando pelas barracas de comida.
Cúrcuma e pimenta vermelha,

que chegamos ao mercado de especiarias.
O aroma das batatas fritando
e de chutney de hortelã sugerem

que os vendedores ambulantes estão por perto
e que talvez a gente pare
para comprar *golgappas* e *papdi chaat*.

Cheiros doces de leite condensado
e masala chegam para avisar
que tem um *chaiwalla* por perto.

Tudo isso para dizer
que quando você é criança
e está em uma cidade que não é sua,

você pode aprender a transformá-la no seu lar.
É só aprender a amar os cheiros
de um outro lugar.

Tem gente que diz que nesta cidade
até as esperanças morrem. Mais tarde eu descubro
que também é onde os sonhos viram realidade.

Lar

É uma palavra muito séria para uma menina pequena como eu.
Há muito tempo "lar" significava Caxemira.
Agora o lar mudou e se tornou Déli.

Treino essa palavra no chão do meu quarto.
Lar. Desenho a palavra com giz vermelho. Lar.
Qual a diferença, eu me pergunto,

entre um lar e uma casa?
Minha mãe explica: "O lar é onde
Deus mora".

Meu pai diz: "O lar é onde
sua família e seu amor moram".
Este apartamento com cheiro de tinta

não me parece divino nem amoroso.
Mas toda manhã a mamãe
acorda e vai para o templo mesmo assim,

depois traz as oferendas doces para comermos.
E o papai ainda lê o jornal do dia
comendo biscoitos salgados e bebendo *chai*.

Então talvez o lar seja apenas
o que é familiar e não a família.
O lar é onde mora o conforto,

onde as paredes pouco a pouco
começam a parecer um abraço caloroso,
e deixam de ser um lugar estranho e frio.

O parquinho

Só percebo como vivi isolada
quando conheço outras crianças.

E só as conheço
quando vou pela primeira vez a um parquinho.

A única amiguinha que tive até então tinha sido a Aafiya
e é difícil pensar nela sem sentir uma dor aguda.

Lá na Caxemira não saíamos tanto
por causa do toque de recolher e das ameaças de bomba.

Muitas lembranças de lugares
marcados pela morte, e quase nunca por crianças.

O que sei é que a mamãe está tão animada quanto eu
porque ela já sabe o que eu não sei.

Balançar à vontade e sem medo é conquistar a liberdade
sem precisar lidar com a ansiedade constante.

O parque é pequeno e cheio de crianças,
e os balanços muito antigos rangem.

Mas eu o vejo de outra forma.
Eu vejo Nárnia, vejo uma terra de fantasia.

Fico sem fôlego por um instante
quando vejo como eles estão felizes.

Olho para minha mãe, e o jeito que ela sorri
me diz que posso ir aonde eu quiser.

"Pelo menos um pouquinho, Paro.
Seja livre."

Papai

Meu pai é diferente da maioria dos homens.
Sem pensar,
ele trata com generosidade
qualquer pessoa que precise.

Uma vez, eu o vi dando
seu casaco preferido
para uma criança que pedia esmola
na rua, em pleno inverno.

Uma vez, eu o vi dando
todo o dinheiro que tinha na carteira
para um homem pobre que queria
dar comida para os filhos.

Meu pai não é como Nana, Papa ou Dada.
Às vezes eles fazem tempestade
em copo d'água,
e ficam de mau humor por uma simples palavra.

Ninguém tem medo do meu pai.
Nem quando ele fica bravo.
Mas é que ele nunca fica bravo de verdade,
só triste, às vezes, quando precisa ir embora.

E isso, para mim, é pior.
Porque ele fica quieto
como uma madrugada
em uma casa em que todo mundo dormiu.

Eu lido melhor com o barulho
do que com o silêncio.
Então tento fazer meu pai rir,
para que seu sorriso seja minha casa.

Meu pai diz:
"Seja o que você quiser.
Diga o que você quiser.
Não deixe ninguém roubar sua voz".

Meu pai me ensina logo cedo:
"Este mundo não é gentil,
por isso você precisa ter coragem.
Ofereça a gentileza que você quer receber".

O marinheiro

O problema é
que ele precisa partir.
Ele precisa
porque

"Sem isso como vamos comer?"
e
"Déli é uma cidade cara"
e

Um dia quando
for mais velha
eu vou
entender

Seu trabalho é no mar.
Minha mãe vem me mostrar
livros com figuras de navios bem grandes
e me explica:

"Seu pai
é o capitão,
e isso quer dizer
que ele comanda o navio inteiro".

E eu toco a página,
pensando: *Pelo menos eu sei*
por que meu pai vai partir.
Pelo menos eu sei o que odiar.

Passo noites inteiras chorando
toda vez que ele parte,
porque sei que por meses
seremos só minha mamãe e eu.

Volto a treinar a palavra LAR
nos meus cadernos.
Ela parece mais desconhecida,
mais vazia.

Baats

"Vir morar em Déli é caro", a mamãe me explica.
"Por isso precisamos economizar, tá bom?"

Eu concordo com um ar maduro e compreensivo. Na casa de Dada
e Dadi
tem uma cozinha grande, cômodos amplos e dois andares,

aqui é um lugar pequeno e apertado, mas não há
problema. Eu e minha mãe temos uma à outra. À noite ela lê histórias.

Já sei "Panchatantra" e "Malgudi Days" de cor,
mas, das coisas que minha mãe me conta, minhas preferidas são
as baats.

Chamamos de baats as histórias de quando minha mãe era criança
e cresceu com seu irmãozinho viajando pela Índia.

Nana Papa era militar, por isso a família foi transferida
de Darjeeling, nas montanhas, lá para baixo, em Ooty, Wellington.

Minha mãe contava que eles nunca tiveram muito dinheiro,
mas era o suficiente para ela comprar um livro de vez em quando.

Ela lia sentada sob os pés de lichia no jardim,
uma sombra fresca no sol indiano escaldante;

tudo que minha mãe conta parece um pedacinho do céu.
Talvez seja porque ela é filha da Nani.

Ou talvez todas as crianças pequenas vejam suas mães assim.
Eu penso comigo mesma que talvez Déli não seja tão ruim.

O vendedor de frutas

Ninguém nos ensina
a conviver com uma coisa
que uma pessoa malvada nos fez.

Só nos dizem "não fale com estranhos".
Só nos dizem "não deixe ninguém encostar aqui".
Talvez seja minha culpa porque fui muito simpática.

Talvez eu esteja acostumada demais com pessoas
que morreriam para me proteger.
Foi tudo tão rápido,

uma coisa repentina e brutal.
Minha mãe estava comprando legumes
e soltou minha mão por um minuto.

A feira estava tão cheia
que ninguém viu o que aconteceu.
Em um minuto eu estava ao lado dela

e no outro alguém me agarrou.
Mal consigo me lembrar
dos quinze minutos que vieram depois.

Eu me lembro de querer gritar
e de uma mão cobrindo minha boca
enquanto outra erguia meu vestido.

Eu me lembro da risada do homem,
uma risada que se misturou às minhas lágrimas,
e me lembro do meu medo.

Eu tinha apenas 7 anos.
Era muito criança para entender
o que tinha acontecido comigo.

Tudo que sei é que
por muitos e muitos anos
eu tremia se me tocassem.

Só de pensar
em frutas e feiras
eu passava mal.

Tudo que sei é que meu corpo
de repente se tornou um segredo
de que eu tinha vergonha,

uma história que eu contava para mim mesma
no escuro, porque ninguém mais
podia saber.

Eu não quero ser difícil

Mas eu sou.
Eu faço birra.
Eu choro toda hora.

Uma tristeza
fez o cerne da minha alma
de refém.

Eu sinto falta do meu pai e da Nani.
Grito com minha mãe
até ela desviar o rosto.

Sou uma menina tão sensível que tudo vira tempestade.
Não consigo conter
meu temperamento volátil.

Queria que a gente estivesse na Caxemira
e o papai não precisasse partir.
Esta é uma cidade tão solitária.

Minha mãe nunca tira o olho
de mim. Ela diz
que alguém pode querer me roubar.

Mas, mamãe, você não vê?
Alguém
já me roubou de você.

Eu me sinto sufocada.
Penso que deixamos o cenário de guerra da Caxemira,
mas agora vivemos em outro em Déli.
Deixo de comer.
Deixo de desenhar.
Deixo de me importar.

Minha mãe me leva
ao médico, mas ele
diz em um tom de desdém:

"Menininhas
precisam ser resilientes.
Logo, logo ela vai ficar calminha".

Com o que menininhas sonham?

Pôneis e princesas.
Matas e mandirs.
Trovas e tristezas.
Sons e saudades.
Apsaras e Asuras.
Navios e neve.
Voar e voltar.
Tempos e tempestades.
Arco-íris e ápices.
O amor em todas as suas formas.
Mães que sabem ser compreensivas.
Pais que nunca vão embora.
Mãos que não machucam.
Vales e véus.
Contentamento e cordilheiras.
Dor e decepção.
Guerras e garras.
Facas e falcões.
Mundos e medos.
Pavor e pânico.
Surpresas e segredos.
Valsas e vestidos.
Planos e paraísos.
Deusas que são nossas avós.

Tudo, menos paz.

A segunda visita

Não penso nela há anos.
Mas ainda sei que está chegando
quando os mensageiros do vento soam,
quando a lua me dá uma piscadinha,
quando chego a ver as estrelas sorrindo
da janela do meu quarto,
quando o cheiro do ar é diferente,
como o dos jasmins que a minha mãe congela
em tigelas e deixa derreter no calor de Déli.

E lá, à meia-noite, ela ganha
uma forma diferente, ainda deusa,
mas mais humana afinal.
Olhos atentos de um conto de fadas,
safiras ao redor de seu pescoço escuro,
um sorriso maternal nos lábios,
um sari azul-claro com barra dourada.
O perfume das rosas e do verão preenche o ambiente.

Se eu ainda não estava desperta,
agora eu estou, enquanto ela se senta, elegante,
na beira da minha cama.

"Quem é você?", eu pergunto.
Ela leva um dedo à boca e diz:

"Eu sou parte da deusa,
e a deusa é parte de mim.
Meu nome é Draupadi.
Agora, minha menina querida, eu vou lhe contar a segunda história".

A segunda história

Muitos anos atrás, quando o mundo era uma tapeçaria feita por pessoas mais humildes, reis costumavam enviar seus filhos para ashrams para que aprendessem iluminação, humildade, Matemática, Ciência e a arte da guerra. Os professores eram sábios reconhecidos por essas virtudes, e muitas vezes os filhos de reis muito ricos iam estudar com os filhos de sábios humildes.

Foi assim que o jovem príncipe Drupada se tornou amigo de Drona, filho de seu professor, Rishi Bhardwaja. Os dois ficaram tão próximos que Drupada prometeu a Drona que dividiria com ele metade de seu reino. É que crianças não se deixam corromper pela riqueza e são castas, têm uma pureza dentro de si que o mundo rouba à medida que crescem. Isso foi antes de Drupada tornar-se rei. Antes que sua imensa riqueza transformasse o príncipe jovem e sincero em um rei egoísta e desconfiado de todos. Então, quando chegou a hora de Drupada honrar a promessa que fizera a Drona, a corrupção havia crescido como uma semente dentro de seu coração outrora puro. Ele olhou com desprezo para o velho amigo, que estava com sua família, vestido em farrapos, chamou-o de pedinte e ordenou que o expulsassem do reino.

Tantas histórias começam com um amor que azeda até se transformar em ódio. Lembre-se disso à medida que você cresce.

Drona era sábio e não aceitou ser menosprezado. Ele prometeu se vingar, e, para tanto, fundou seu próprio ashram. Lá, os príncipes dos reinos vizinhos se tornaram seus aprendizes, e ele lhes ensinou a arte da guerra até que se tornassem temíveis guerreiros. Os príncipes conhecidos como os cinco Pandavas de Hastinapur e os cem Kauravas de Kuru eram primos e, por muito tempo, se amaram como irmãos se amam. Infelizmente, velhas mágoas sempre dão um jeito de macular as amizades. No fim do treinamento, Drona pediu seu pagamento, seu gurudakshina, aos jovens príncipes guerreiros que se postavam à sua frente.

"Capturem o rei Drupada e tragam-no acorrentado até mim."

Primeiro foi a vez dos príncipes Kaurava, mas o exército de Drupada era grande e seus generais, astutos, por isso foram derrotados e voltaram com a vergonha estampada no rosto.

Então os cinco irmãos Pandava, liderados pelo temível arqueiro Arjun, derrotaram Drupada e o levaram até Drona, acorrentado e humilhado.

Os príncipes Kaurava observaram atentamente enquanto seus primos mais novos celebravam sua vitória. A inveja é astuta. Quando crava suas garras verdes em seu coração, ela envenena todas as suas lembranças.

Drona tomou para si metade do reino de Drupada e o soltou. Mas a humilhação dos homens soberbos é o combustível que alimenta mil batalhas, e Drupada se viu consumido pelo desejo de vingança.

Drupada reuniu todos os seus conselheiros e sábios em sua metade do reino e realizou uma série de sacrifícios e orações que garantiriam que um filho o vingasse. Os fogos devoraram sacrifícios e mais sacrifícios e as orações dos sábios se intensificaram até que...

... eu nasci.

Imagine o desgosto do rei que era meu pai no momento em que o fogo me revelou. Uma menina. O primeiro rosto que vi foi o de meu pai, e seus lábios estavam contorcidos de tristeza. Eu já era uma decepção. A prova de seu maior fracasso.

Ele continuou olhando para baixo mesmo quando uma voz celestial vinda do fogo lhe disse: "Esta menina trará uma grande mudança no futuro do dharma, deste reino e de todos os reinos nesta terra".

Mas as primeiras palavras mortais em minha defesa foram ditas por seu conselheiro. "Não se preocupe, sua majestade. Pelo menos uma menina pode render um bom casamento."

Pelo menos. Eles me chamaram de Draupadi para acalmar meu pai, Drupada. Mas me chamaram de "pelo menos".

Como se eu não fosse o motivo por trás da maior guerra de todas. Como se meu poder não reduzisse cidades inteiras a pó. Como se os sábios que escrevem os maiores épicos da nossa mitologia não tivessem escrito meu nome antes de tudo, antes do irmão que veio depois de mim pelo fogo. Como se mulheres fossem menos perigosas que homens — quando com um meneio dos cabelos ou um estalar de língua somos capazes de destruir reinos.

Nunca se esqueça disso.

Nós podemos destruir reinos.

Uma interrupção

Paro: Tenho uma pergunta.

Draupadi: Tenho certeza de que você tem mil perguntas. Se me deixar terminar a história, talvez você compreenda.

Paro: Mas...

Draupadi: Histórias são eventos poderosos, capazes de mudar vidas inteiras, menina. Mas só se você prestar atenção nelas, para aprender tudo que têm a ensinar.

Paro: Ah.

Draupadi: Devo prosseguir?

Paro: Posso fazer perguntas depois?

Draupadi: Se você prestar atenção, talvez não precise fazer pergunta nenhuma.

A segunda história continua

Meu pai ganhou o filho que tanto queria. Meu irmão gêmeo atravessou as chamas depois e mim.

À medida que o tempo passava, fomos criados para seguir nossos destinos sem nunca questionar nosso pai. Mas, dentro de mim, o fogo divino queimou por mais tempo do que deveria.

As mulheres e o fogo têm muito em comum. Uma vez que uma chama se fortalece, é impossível destruí-la por completo. Mesmo quando o fogo se reduz a cinzas, algumas brasas teimam em resistir.

E às vezes
essas brasas voltam a
queimar.

Quando meu pai decidiu que era hora de eu me casar, ninguém poderia imaginar o que aconteceria.

O palácio foi preparado para uma cerimônia milenar chamada swayamvar. Nela, reis e príncipes de cem reinos distintos competiriam em uma série de tarefas criadas pelo meu pai para provarem que eram dignos de se casar comigo.

Meu pai escolheu propor uma só tarefa, mas fez questão de que fosse a mais difícil de todas. No teto alto e incrustado de esmeraldas do belíssimo salão dourado onde a cerimônia seria realizada, um peixe feito de puro ouro foi confeccionado à mão e pendurado. Cada pretendente teria a chance de tentar perfurar o olho do peixe dourado com o arco e flecha, mas só olhando seu reflexo por dentro de um barril cheio de água.

Príncipes e mais príncipes fracassaram. Todos os reis se atrapalharam e agiram de maneira nada régia. Amigos de longa data de repente se tornaram inimigos. Alguns quase quebraram o arco em um ataque de fúria, outros saíram andando com ar derrotado. Todos dirão que agiram assim porque me desejavam por causa de minha beleza, mas isso não era verdade. Era porque homens que se acostumaram ao poder não sabem perder com elegância. Eu só observava, testemunha solitária e desamparada do meu próprio destino. Um objeto que alguém poderia ganhar ou perder. Você não pode se esquecer disto, criança: nenhuma mulher é um objeto, mesmo quando a tratam dessa forma. Nós pertencemos a nós mesmas; nosso destino é um caminho que nossas mãos mapeiam. Não pais, ou maridos, ou qualquer homem.

Foi um homem vestido com simplicidade que ganhou a minha mão, dentre tantos príncipes envoltos em seda colorida e joias vibrantes.

Ele fez com que parecesse simples. Segurou o arco com uma só mão, a flecha deslizando feito manteiga, um só tiro — e o peixe caiu no chão, aos meus pés, com um baque.

Ergui o peixe, para que todos vissem a flecha que se projetava de seu olho de rubi. Meu futuro marido sorriu para mim e eu senti meu coração saltar, mesmo enquanto a corte inteira irrompeu em uma reação furiosa.

O que aconteceu em seguida foi previsível e tedioso, por isso não vou incomodá-la com isso. Como você já deve saber a essa altura, reis não lidam bem com humilhação e começam guerras por qualquer motivo. Derramam sangue como outras pessoas derramam água. Ainda assim, o que importa é que meu marido não estava sozinho. Ele levara consigo seus irmãos. E porque ele era o temível Arjuna e eles, os famosos irmãos Pandava, ele venceu.

Ele sempre vencia.

Bem, quase sempre.

E às vezes essas brasas voltam a **queimar**

Outra interrupção

Paro: Mas os Pandavas não eram todos seus maridos?

Draupadi: Você é uma criança tão curiosa! Ela vai gostar disso.

Paro: Eles contam histórias pra gente no mandir, minha mãe às vezes me leva lá às terças de manhã.

Draupadi: É verdade. Todos os cinco irmãos se tornaram meus maridos. Foi um simples estalar de língua que causou isso. Quando os irmãos me levaram para casa, os gêmeos, que eram os mais jovens, gritaram para sua mãe: "Mãe, olha só o que Arjuna ganhou!". E a mãe deles, que ainda não havia aberto a porta e me visto, disse: "Dividam igualmente entre vocês".

Paro: E... por isso todos eles viraram seus maridos?

Draupadi: Sim.

Paro: Por quê?

Draupadi: Eu vivi e amei em uma época em que era um sacrilégio desobedecer uma mãe. Naquele tempo, as pessoas não sabiam que, às vezes, desobedecer a seus pais pode ser uma forma de criar um destino melhor.

Paro: Por acaso você já quis...

Draupadi: Não. Agora, vamos à conclusão da história. Preste atenção. Nela reside a lição que você deve levar em seu coração à medida que cresce.

A segunda história (O final)

A única vez que Arjuna de fato perdeu foi quando deixou Yudhishthira, o mais velho dos irmãos, e por isso o imperador, entregar nosso reino em uma aposta que fizera com seus primos, os príncipes Kaurava.

Os Kaurava nunca haviam perdoado completamente os primos por serem melhores que eles. Em se tratando de guerras ou de governar um reino, os cinco irmãos Pandava se destacavam. Por isso que, embora os Pandava e os Kaurava devessem governar juntos a terra de Varnavrat, com a ajuda do deus Krishna, os primos invejosos nos deram o deserto Khandavprastha, e só por ele seríamos responsáveis. Meus cinco maridos, que nunca se deixavam intimidar por qualquer obstáculo que se apresentasse, transformaram a terra dizimada que haviam herdado no belo reino de Indraprastha.

A glória luminosa foi meu palácio de ilusões. Poucos sabem disso, mas aprendi a administrar finanças desde cedo. No reino de meu pai, os conselheiros me procuravam relatando os problemas do tesouro. Aqui, em nosso império, eu me tornei a imperatriz que cuidava do tesouro e conhecia os cidadãos pelo nome. Não faz sentido governar um povo se não sabemos quem é esse povo. Se não nos colocamos no lugar das pessoas. As deusas, os deuses e suas muitas reencarnações nos ensinaram isso.

Por algum tempo, tudo correu bem.

Mas rancores que infeccionam por anos e são nutridos pela inveja são coisas poderosas. E eis que os príncipes Kaurava decidiram que queriam Indraprastha para si.

Yudhishthira era sábio. Mas mesmo os mais sábios e mais bondosos entre nós têm seus vícios. No caso de Yudhishthira, era o vício no jogo. Os príncipes Kaurava sabiam disso. Por isso organizaram o que chamaram de um jogo de dados amigável e convidaram seu primo para jogar. No final só restaram Yudhishthira e Duryodhana na mesa. E Duryodhana era um excelente jogador de dados.

Então Yudhishthira apostou seus belos cavalos, seus campos, suas terras, seu palácio, seu povo, seus irmãos e, por fim, quando não lhe restava mais nada, a mim. Protestei até minha garganta ficar dolorida, mas os cortesãos me olharam com desprezo e disseram que mulheres não podiam questionar os homens. Nem se fossem imperatrizes.

E, diante dos olhos de Arjuna e dos meus outros maridos, Yudhishthira me perdeu para o mais odioso dos príncipes Kaurava, Duryodhana.

Entre os irmãos, Duryodhana era o que mais atiçava a fogueira da inveja. Era o idealizador por trás daquele jogo e tinha seus motivos para querer me humilhar. Certa vez, muito tempo antes, eu havia caçoado de sua ingenuidade quando se deixara enganar por uma ilusão em meu palácio. Ele vinha remoendo esse insulto por anos.

Seus olhos brilharam, maliciosos, quando ele ordenou que seu irmão me pegasse. Eu fui agarrada pelos cabelos e arrastada na frente da corte.

A perplexidade que essa violência me causou me deixou sem palavras por alguns minutos. Procurei meus maridos com o olhar, pedindo ajuda, mas eles viraram a face. Iam apenas observar enquanto Duryodhana me desrespeitava?

A resposta era sim.

Eu implorei. Tentei negociar com os anciãos da corte. A risada cruel de Duryodhana ecoou pelo palácio enquanto eu chorava. Quando eles querem tomar nossos corpos, menina, nada que possam fazer se compara à pura maldade de seu riso nesse momento.

Eles fizeram o que podiam para me humilhar. Tentaram me deixar nua diante de centenas de homens. Tentaram me fazer sentar no colo dos príncipes Kaurava, todos com expressão de lascívia. E, embora meus maridos não tivessem me ajudado, os deuses e deusas o fizeram.

Eu fiquei mais forte do que cem homens e os empurrei para longe. Quando agarraram meu sari para arrancá-lo, eu rezei para meu irmão, o senhor Krishna, e o tecido ficou tão comprido que eles não conseguiram, caindo exaustos aos meus pés.

Quando eles enfim permitiram que nos exilássemos, pois não haviam conseguido me roubar a dignidade, eu disse a meus maridos que nunca, jamais os perdoaria por terem me abandonado quando mais precisei.

Disse a eles que só com uma guerra eles poderiam reconquistar minha simpatia. Que eu não lavaria meus cabelos enquanto não estivessem encharcados do sangue dos homens que haviam me agredido. Que eu não descansaria enquanto não visse todos os Kaurava reduzidos a ossos e cinzas. Essa fúria era meu dom, minha bênção, e eu a usaria para subjugar meus inimigos. Eu seria o combustível de que meus maridos precisavam.

Há um motivo para que alguns tenham me feito reencarnar em Kritya, a mulher perversa. Rakshasi, a mulher-monstro. A faísca que originou uma das maiores guerras da antiguidade, o Mahabharata.

Mas depois de saber o que eu precisei suportar, você conseguiria me julgar?

O que aprendi com Draupadi

A fúria é um dom milenar
que a deusa transmite à mulher,

Mas saber usá-la
é um talento que poucas têm.

Se eu não a controlar,
ela me custará todos que um dia amei,

mas só aprenderei a manejá-la com graça
quando domar o fogo que tenho por dentro.

Telefonemas

Da terceira vez
que faço minha mãe chorar,
ela liga para Nani.

Temos um antigo telefone preto
que fica sobre a mesinha de palha com tampo de vidro
perto da varanda,

e uma cadeira roxa macia
com pernas de madeira
na qual minha mãe se senta, o aparelho em mãos.

Ela diz para Nani:
"Não sei o que
deu nela".

E:
"Alguma coisa mudou
e não sei consertar".

E:
"Eu já fui
difícil assim?".

Mas a verdade é que
eu sou uma criança muito mais difícil
do que minha mãe jamais foi.

Nani sempre fala para a mamãe:
"Você é a melhor filha
que uma mãe poderia querer".
Minha mãe fala um pouco mais,
depois me chama
e me entrega o telefone.

Eu levo o plástico
ao ouvido
e falo "Alô".

"Raja Beta,
Dil Ki Tukdi,
onde dói, meu encanto?"

E por motivos que só meu coração conhece,
só de ouvir a voz dela
farfalhando do outro lado

dessa linha cheia de chiado
uma barragem se rompe
dentro do meu peito.

De repente eu me sento
no chão gelado
e choro sem parar.

O aeroporto

Vamos buscar meu pai no aeroporto.
Minha mãe vai dirigindo o velho Fiat
e no caminho me diz:

"Paro, quando você crescer,
não deixe de aprender a dirigir,
compre um carro pra você".

Eu olho para ela:
seus olhos castanhos
tão concentrados na estrada,

a confiança com que sua mão
se move alternando
entre o volante

e o câmbio,
sem nunca errar nada,
nunca entrar em pânico, mesmo no trânsito,

e pergunto: "Por quê?".
Um sorriso se abre em seus lábios.
"A independência é o maior tesouro de todos.

Para um homem também,
mas para uma mulher
ainda mais."

Ainda não consigo entender
o que ela quer dizer.
Antes que eu faça mais perguntas,

ela estaciona o carro sem dificuldade
e quando saímos
no calor sufocante,

vemos aviões subindo
pelo céu azul e claro,
a luz do sol refletindo nas asas,

ficando cada vez menores
à medida que voam mais alto e mais longe
até que os perdemos de vista.

"Um dia a gente também vai
pegar um avião",
minha mãe me diz.

Só de pensar nisso eu sinto
uma coisa estranha na barriga,
mas antes que possa dizer qualquer coisa

vemos meu pai carregando
seu carrinho cheio
de malas,

um sorrisão gigante
no rosto barbado quando grita:
"minhas meninas!".

Minha mãe joga a cabeça para trás e ri.
Eu começo a correr
e ele se ajoelha,

os braços bem abertos para me pegar
e me dar um abração bem apertado.
Não sei muita coisa da vida,

mas sei com certeza
que o abraço do meu pai
é onde me sinto segura.

Indra

Eu tinha 7 anos quando Indra nasceu.
Ele saiu da barriga azulado, gritando,
com o cordão umbilical enrolado no pescoço.
Precisaram abrir a mamãe pra tirá-lo de lá.

"Sua mãe foi tão corajosa",
as pessoas me dizem.
"Ele quase morreu",
as pessoas me dizem.

Nesse momento eu soube
que ele ia dar trabalho.
E também soube que eu faria qualquer coisa
para protegê-lo.

Ser a irmã mais velha é saber
que vão pedir que você seja mãe do seu irmão.
Que agora você tem responsabilidades.
E, enquanto conta os dez dedos das mãos

e dos pés dele, você se dará conta
de que ele precisa que você seja
não só tudo que você é
como o que você deseja ser.

Depois que Indra nasceu

Ele e a mamãe vieram para casa,
todo mundo disse que ele era lindo.

E que era muito parecido com meu pai.
E como a mamãe devia estar feliz

agora que tinham um filho homem.
E ela também tinha mudado.

Eu ainda era a filha primogênita,
mas não era mais sua prioridade.

"Você é mais velha, Paro.
Você sabe se virar."

Ouvi isso muitas vezes.
Mais tarde descobri que meninas ouvem isso o tempo todo.

Foi o que descobri observando
meu irmãozinho crescer

e ganhar a permissão de ser criança
pelo tempo que precisasse ser.

Mas desde que era pequena
eu sabia fazer paranthas,

trocar as fraldas do meu irmão,
pegá-lo no colo e cantar para ele dormir,

trancar a casa,
fazer masala chai,

manter nossa casa limpa.
Meus pais sorriam e diziam:

"Você já é uma ótima mãe",
e eu não me importava, de verdade.

Eu gostava de ajudar a mamãe, então ficava feliz.
Mas à noite, enquanto dormia,

eu sonhava com um mundo diferente,
onde eu também pudesse

ser criança
pelo tempo que precisasse.

O berço

Indra dorme no quarto da mamãe e do papai.
Ele tem um berço macio que fica em um canto.
O berço tem a cor cinza de um dia de chuva
e os brinquedos favoritos de Indra.
Um elefante e uma águia de pelúcia,
porque, mesmo sendo um bebê,
esses são seus dois animais favoritos.

Eu sempre vou dar uma olhadinha nele.
Ele é tão pequeno. Não muito maior que os brinquedos.
Pergunto à minha mãe: "Eu já fui desse tamanho?".
Ela beija o topo da minha cabeça
enquanto pega Indra para lhe dar de mamar.
"Foi. Você era tão pequena que a gente
te segurava em uma mão só."

Fico pensando nisso. Isso me fascina.
De quem era a mão? Da mamãe e do papai?
Será que o Indra cabe na minha mão?
Essa ideia se enfia na minha mente.
Não consigo me livrar dela de jeito nenhum.
Um dia, quando ele está dormindo,
resolvo descobrir.

Mamãe está dormindo, e eu entro na ponta dos pés.
Com cuidado, me aproximo do berço,
com meus bracinhos trêmulos,
e pego Indra com minhas duas mãos
como vi a mamãe fazer.
Não me deixam fazer isso sem a mamãe por perto.
Ele faz barulhinhos, os olhos pretos recém-abertos brilham,
e estende a mãozinha para puxar meu cabelo.

"Paro!"

Uma voz atrás de mim me assusta.
Meus dedos escorregam antes que eu me dê conta
e Indra cai no chão.
Minha mãe grita e corre em nossa direção.
O choro de Indra atravessa o quarto.
Eu tento pegá-lo, mas ela me empurra para longe.
"vai para o seu quarto agora!"

Nesse dia eu aprendo
que o arrependimento pode ser amargo
quando se fantasia
dos erros que você cometeu
e você não pode desviar os olhos;
só lhe resta seu próprio incômodo
e ninguém para levar a culpa.

Primeiro dia de aula

Alguém diz à mamãe
que essa é a cura
para crianças malcriadas.

A escola é ótima
porque preenche o tempo
e nos mantém ocupados.

A primeira coisa que vejo são as expressões de pavor.
Todo mundo aqui tem medo de mim.
Pelo menos nisso todo mundo está de acordo.

Acho que estou sendo punida.
Por ser difícil, por não escutar.
Olho a minha mãe com tristeza.

Eu vou me comportar, prometo.
Não me manda embora.
Tento dizer isso com os olhos.

Minha mãe só aperta mais a minha mão,
como todas as mães tendem a fazer,
pelo que fiquei sabendo.

A sala é pequena
e úmida de suor
e tem cheiro de massinha.

Uma mulher alta de salwar kameez
verde e dourado diz:
"Venha, Paro".

Ela pega minha mão
e por um segundo sinto
que minha mãe não consegue me soltar.

Quando ela solta,
o medo vira um nó
na minha garganta.

Minha mãe vê o medo
e diz: "Paro, não se preocupe.
Estarei aqui quando terminar.

Vá lá,
Com as outras crianças.
Tente se divertir".

O fim da infância

Acontece de repente.
Um dia, seus pais
deixam de te pegar no colo.
As responsabilidades aumentam.
Sua mãe começa a se dedicar
a outras coisas.
Talvez um emprego ou um irmãozinho.
Você fica um pouco mais quieta.
Talvez seja por causa de
Uma Coisa que Aconteceu com Você.
Qualquer que seja o motivo,
um dia você é pequena
e guarda um universo de brincadeiras
dentro do coração.
E no dia seguinte,
de repente
nenhuma das brincadeiras
faz sentido.

Você escolhe a **liberdade**. É claro que escolhe a liberdade

Kishoravastha
Adolescência

Você vai aprender aos poucos
que sua maior obra-prima
não é a sobrevivência em si.

É sua maneira de cultivar a bondade
quando se vê superando
aquilo a que supostamente deveria sobreviver.

Doze

É assim que é a beira do penhasco da infância de uma menina:

Você ainda toma leite bem gelado com Rooh Afza, mas aos poucos está gostando mais de masala chai. Você está começando a esquecer a Caxemira, por isso assiste a velhas fitas de vhs da família enquanto sua mãe torce para que tudo continue nítido na sua cabeça. Aos poucos as coisas vão desaparecendo. Você tem medo de esquecer da casa da Nani e da sua infância. Não se preocupe com isso. Mais tarde você vai aprender que é só que a memória tem o hábito de se transformar em uma pintura a óleo. Seus pulsos ainda são tão pequenos que parece que vão quebrar, mas seus seios estão crescendo. Você ainda não menstruou, mas sabe que logo vai acontecer e está com medo. Você não sabe o que fazer com o medo; só sabe que, quando de fato acontecer, isso vai precisar ser um segredo que você não conta a ninguém. Quando sua mãe lhe der os primeiros absorventes, ela vai trazer o pacote escondido em um jornal. Ninguém vai lhe dizer por que o sangue que você perde todo mês e sai do útero é diferente do sangue que sai do seu dedo — por que só um deles é motivo de vergonha. Déli continua sendo Déli, repleta de cores vibrantes, e calor, e poeira, mas a palavra "lar" vai te fazer engasgar quando você a usar. Seu corpo cresceu de um jeito estranho e as pessoas começaram a olhar para você de um jeito diferente. Você não sabe o que fazer com isso, a não ser usar camisetas mais largas quando sai para brincar. Os meninos não vão mais deixar você jogar críquete com eles e não vão explicar o motivo, mas tem um lado seu que também não quer mais brincar com eles. As meninas sentam longe dos meninos e falam deles — os primeiros amores já começaram a brotar. Você as acompanha muitas vezes, mas ainda não sabe se faz parte desse grupo também. Você tenta mesmo assim. Sua mãe faz você trocar o short pela calça jeans. Até no verão. É porque você é muito alta e as pessoas não param de olhar suas pernas, ela diz, então você precisa escolher entre a liberdade ou o conforto. Você escolhe a liberdade. É claro que escolhe a liberdade. Sua mãe continua sendo a pessoa que você procura para tudo, seja tristeza ou alegria. Um dia isso vai acabar. Ainda não. Seu pai está quase sempre ausente, para que você possa comer e ir à escola e ter um teto sobre a cabeça. Um dia essa ficha vai cair, todas as coisas de que ele abriu mão por você. Ainda não. Seu irmão é pequeno e ainda se espelha em você. Um dia, ele vai te ultrapassar. Ainda não. Agora você pode ir às lojas sozinha, mas sempre evita aglomerações e feiras livres. Você vai tentar fazer isso para sempre. Nem sempre vai conseguir. Você ainda tem pesadelos com o que aconteceu quando tinha 7 anos. Você não gosta de abraçar ninguém que não seja da família e estremece quando parentes distantes tentam abraçá-la a contragosto. Ninguém pergunta por quê. Sua mãe percebe e às vezes a resgata, mas às vezes lhe diz para se comportar. Parece que seu corpo não lhe pertence. Você não sabe nada sobre o amor. Isso vai mudar e você vai se apaixonar com tanta intensidade que aquela vez que quebrou sua perna aos 8 anos vai parecer moleza. Um dia, você vai parar de beber leite com Rooh Afza. Você só vai beber masala chai.

Mas ainda não.

Ainda não.

Seis anos em Déli

Agora eu frequento a Escola Grande
e minha mãe diz às amigas:

"Ela está bem melhor";
e sim, ela deve ter razão.

Ser a irmã mais velha muda você.
Você aprende a Ser Responsável.

E a Priorizar os Outros
Mesmo Quando Não Quer.

Mas não a Evitar Pesadelos
sobre Feiras Livres e Violência.

Nenhuma dessas são lições
que ensinam na escola.

Na escola aprendemos Educação Cívica,
Geografia, Ciência

e Matemática, que eu simplesmente detesto.
Mas adoro Língua Inglesa e Arte

e a primeira aula da manhã por causa da sra. Agnihotri,
a professora da nossa sala, que é também minha preferida.

Mas a aula mais assustadora para mim é história,
porque eu sempre fico furiosa.

O que a gente aprende na aula de História

Um dia a Índia foi Sone ki Chidiya,
um pássaro fêmea dourado que voava e cantava em liberdade;
suas plumas cheias de joias eram as províncias,
governadas por milhares de reis e rainhas.

Mas quando você brilha tanto
que até o deus-Sol Surya
precisa cobrir os olhos,
você atrai uma atenção perigosa para si.

Quando os homens chegaram
a reivindicando,
eles o fizeram por meio da violência
e da exploração.

Mas mesmo quando lhe roubaram as plumas
e a enjaularam na escuridão,
não conseguiram apagar seu brilho,
suas canções, nem tirar a liberdade de seu espírito.

Há um motivo para falarmos "Índia" no feminino.
Ela caminhou até a liberdade com dificuldade,
esse destino furioso como o de qualquer sobrevivente;
e mulheres são as maiores sobreviventes que eu conheço.

O que a gente aprende na aula de História (2)

Meu país um dia foi uma colônia.
"Ou seja", diz a sra. Krishnan,
"os britânicos vieram para a Índia
e resolveram virar donos dela."

"Mas sra. Krishnan", eu pergunto, levantando a mão,
"e as pessoas que já viviam aqui?"
Minha professora, a mulher mais alta que já vi,
eleita por todos os alunos a mais exigente da escola,

deixa que a sombra de um sorriso pouse em seus lábios.
"É uma boa pergunta.
De tarefa, escrevam sobre o que aconteceu
com as pessoas do país que os britânicos colonizaram."

Meus colegas podem até ter suspirado
e se irritado comigo,
mas quando voltei para casa e mostrei a tarefa à minha mãe,
ela a lê com atenção,

escolhe livros de sua estante
e os entrega para mim.
Ela diz: "Essa é uma lição poderosa
que você precisa aprender sozinha".

O que aconteceu com o povo que os britânicos colonizaram

Um poema histórico de Paro Madera

Nos disseram para aprender um idioma
e substituir nossa língua-mãe por ele.

Nos disseram para rezar para um deus novo, mais branco,
e não para os milhões de deuses que conhecíamos.

Nos disseram que isso nos salvaria,
mas já conhecíamos a salvação.

Não era o que devíamos fazer,
mas "o que se esperava".

E com isso eles queriam dizer:
"É urgente que vocês assimilem nossa cultura".

E com "assimilar" eles queriam dizer:
"Sejam como nós ou nossas armas vão cuidar disso".

Mas eles nunca nos verão como iguais.
Nossa pele é mais escura;

nossos olhos, muito ônix, muito terrosos;
nossas religiões, muito belas e incomuns;

e nossas deusas, poderosas demais
para que eles ficassem em paz.

Então eles nos colocaram uns contra os outros.
Reino contra reino.

Atiçaram e nutriram nossos rancores
para apagar nossa cultura com mais facilidade.

Os comentários da sra. Krishnan

Nota: 5 de 10

Não foi isso que eu pedi nessa tarefa. Reescreva em forma de dissertação e explore as implicações sociopolíticas do Raj Britânico para o povo da Índia e do Paquistão. Explore o fato de o pib da Índia não ter crescido sob domínio do Raj Britânico devido à sua política imperial. Se fosse hoje, a Grã-Bretanha teria roubado trilhões da Índia e do Paquistão... Entregue na segunda-feira de manhã.

Gostei do seu poema. Continue escrevendo.

"Quando eu tinha 4 anos..."

Indra começa a contar, do alto de seus 6 anos,
usando um short tão largo que parece um balão ao redor das perninhas.

Depois da escola, nos sentamos com as mãos no rosto,
de pernas cruzadas na cama da mamãe e falamos sobre os nossos dias.

"Quando eu tinha 4 anos", Indra repete, irritado
porque a língua presa dificulta a pronúncia dessas palavras.

"a gente foi em um navio bem grande e o papai era o capitão,
e depois a gente navegou sem parar até chegar a Mada... Mada..."

"Madagascar", eu digo e sorrio, ainda com uma janelinha no dente da frente.
Ele faz que sim, respira fundo de novo e diz:

"A gente foi lá e todo mundo era muito legal
e um pássaro azul bem grande sentou no meu ombro".

Meu irmão caçula é só olhos enormes, nariz adunco
e longas histórias mirabolantes.

Ele é, ao mesmo tempo, meu ser humano favorito no mundo
e a pessoa mais irritante que conheço.

Todo verão, encontramos nosso pai no navio
e cruzamos o mar para chegar a terras distantes.

Sei que um dia isso vai acabar. Não teremos mais idade
para navegar com meu pai. Meu irmão vai ficar mais quieto

como o irmão de Shalini, Karan, ficou desde que fez 9 anos.
Mas, quando fazemos nosso ritual diário de contar histórias depois da escola

e Indra fica tagarelando sobre navios, árvores e pássaros azuis,
uma parte de mim deseja que ele nunca cresça.

A casa de Shalini

Agora quando anoitece
eu não saio mais para brincar.
O parquinho pertence
às crianças da idade de Indra.

E enquanto ele brinca no balanço
e grita descendo no escorregador,
como eu fazia em uma lembrança
não tão distante assim,

minha mãe me leva à casa de Shalini.
Nossas mães são amigas
e geralmente isso quer dizer
que também precisamos ser.

Shalini cumprimenta minha mãe com simpatia
e diz: "Oi, tia,
que ótimo ver você
e a Paro".

Enquanto minha mãe e a tia Sunita conversam,
eu e Shalini devemos ir ao quarto dela.
Mas Shalini não gosta de mim.
Ela faz questão de dizer isso.

"A gente mora em uma casa bem grande
E vocês em um apartamento pequeno",
ela disse no dia em que nos conhecemos.
"Não somos como vocês."

E com isso ela quer dizer
"Minha família tem mais dinheiro
do que a sua jamais terá,
e por isso somos superiores".

E com isso ela quer dizer
"Vou te tratar bem
por respeito às nossas mães,
mas não sou sua amiga".

Acho muito estranho
que a moeda
e o papel
determinem o valor de uma pessoa.

Assim como achei estranho
quando Dadi me disse
"Não somos como eles"
a respeito de Aafiya e sua família.

Mas quando Shalini pega um gibi para me ignorar
em seu quarto verde-limão e rosa-claro,
com um computador novinho em folha e
com seu ar-condicionado barulhento e sua tv,

eu olho as fotografias sobre a mesa
e percebo que o pai dela parece
muito distante e que ela e seu irmão
estão muito tristes nas três.

"Mamãe, a gente é pobre?"

O canto da boca da minha mãe
vira um pouco para baixo.
"Por que você pergunta isso, meu bem?"

Ela chama a mim e a Indra de "meu bem"
quando fica preocupada. Eu abaixo a cabeça e olho
meus dedos brancos, secretos, retesados.

Será que eu deveria quebrar as regras não ditas
e contar para ela como Shalini me trata de verdade?
"É que... na casa da tia Sunita..."

Mas as palavras não querem sair da minha boca.
Minha mãe não diz nada.
Percebo que em vez de manobrar o carro à esquerda,

no caminho que nos leva para casa,
ela virou à direita.
"Deixa eu te mostrar uma coisa."

Caminhões nos ultrapassam correndo em uma estrada de terra
quando o carro sobe o morro depois dos semáforos.
Por fim, ela para no acostamento.

"Que bom
que ainda é dia
e eu posso te mostrar isso."

Eu olho pelo para-brisa
na direção onde ela aponta.
"Onde estamos, mamãe?"

O carro está estacionado em um morro
com vista para um pequeno vilarejo.
Uma colcha de retalhos de estruturas de tijolos expostos,

telas desiguais como telhados improvisados.
Crianças corriam sem roupa,
algumas da idade de Indra.

"Quero que você se lembre disso",
minha mãe interrompe falando baixo,
"da próxima vez que pensar que o que temos é pouco.

Nós temos sorte, Paro. Temos comida na mesa.
Uma casa para onde voltar.
Você e seu irmão vão à escola.

Tudo porque você nasceu em uma família
que pôde pagar todas essas coisas para você.
O nome disso é privilégio, e você nunca pode se esquecer disso."

Reflito sobre essas palavras enquanto observo meninas
da minha idade com roupas rasgadas cuidando de seus irmãos
de uma forma bem mais maternal do que eu trato Indra.

Envergonhada, compreendo o que ela quer me ensinar.
"Não se trata de ter consciência disso para sentir vergonha, Paro",
minha mãe diz baixinho e eu percebo que meu rosto ficou vermelho.

"A ideia é usar esse privilégio para ajudar a empoderar as pessoas.
É lutar para criar um mundo mais igualitário.
Você quer vir aqui comigo aos fins de semana

e ajudar a ensinar e alimentar as crianças?"
Eu olho para ela e faço que sim. Minha mãe sorri.
"Ótimo. Agora vamos para casa nos preparar para o rakhi."

Quando eu tinha 8 anos, Nani explicou que o rakhi era...

"O festival dos irmãos e irmãs.
No qual as irmãs amarram talismãs no pulso dos irmãos
e os irmãos dão presentes às irmãs e prometem
que vão protegê-las."

Ela estava fazendo kheer,
meu doce favorito,
e eu estava segurando os fios de açafrão
nas mãos como se fosse um tesouro.

E eu perguntei:
"Mas, Nani, e se alguém
não tiver irmão
nem irmã?"

Ela parou de mexer a mistura quente
e doce de arroz e leite e olhou para mim.
"Você sabe como
o Rakhsha Bandhan começou?"

Eu fiz que não bem devagar.
A Nani secou as mãos
em uma toalha e com cuidado
tirou os fios de açafrão das minhas mãos.

"Muitos, muitos anos atrás,
o senhor Krishna, uma reencarnação
do senhor Vishnu, feriu o dedo
quando estava cortando cana.

Draupadi, esposa dos Pandavas,
que estava por perto,
rasgou um pedaço de seu sari
e com ele fez um curativo em sua mão.

O senhor Krishna, comovido,
prometeu a ela amor
e proteção fraternais
e infinitos.

Draupadi não era sua irmã
de sangue, mas se tornou
sua irmã por meio
da bondade e do amor.

Desde então,
celebramos o Rakhsha Bandhan.
Mas lembramos que nossa família
não é só consanguínea.

Mas também as pessoas
que amamos por escolha."

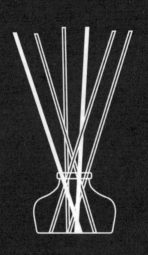

O que o rakhi significa na minha casa

Faço meu próprio talismã na escola.
Fios vermelhos e dourados entrelaçados,
uma pedra vermelha em forma de lágrima no centro.

Uso o vermelho porque o vermelho é sagrado.
Uso o dourado, dourado traz prosperidade.
Digo uma intenção de proteção,

porque minha missão como irmã mais velha
é garantir que posso protegê-lo
de tudo que possa prejudicá-lo.

Antes de tudo fazemos uma oração para as deusas e os deuses.
Depois a mamãe segura a bandeja onde acendemos
uma diya e colocamos o rakhi e alguns ladoos.

Indra quer acender o incenso,
mas como ele é pequeno eu seguro suas mãos
e o ajudo a riscar o fósforo.

Depois, eu coloco um tikka vermelho em sua testa
e amarro o rakhi em seu pequeno pulso.
Ele grita e bate palmas, a janelinha à mostra no sorriso.

"Vermelho é minha cor preferida!"
A mamãe entrega um presente quadrado azul e brilhante
para Indra, ele o segura como um tesouro e o entrega para mim.

Eu o abro devagar, com cuidado.
É um caderno de desenho
e uma lata de metal cheia de lápis.

Eu não desenho há anos,
mas o rosto iluminado e empolgado de Indra
me faz querer desenhar de novo.

Damini

Ela saiu de seu vilarejo e andou cinco quilômetros
quando veio à nossa casa pela primeira vez,
e trouxe com ela seus pés calejados e o sorriso mais gentil.

A mamãe lhe deu artigos de higiene,
curativos, meu tênis velho
e o emprego que ela pedia quase na mesma hora.

A mamãe também não deixa mais ela andar a pé
e vai buscá-la e deixá-la
embora Damini lhe diga que não quer incomodar.

Fomos ao vilarejo ajudar o povo de Damini.
Ajudo minha mãe a curar, ensinar e alimentar pessoas,
mas o que fazemos nunca parece suficiente.

Às vezes a mamãe suspira. "Me pergunto se estou mesmo
ajudando alguém ou só quero me sentir melhor."
E tento ao máximo entender o que ela diz.

Damini é só seis anos mais velha que eu.
E até a mamãe lhe comprar mais roupas,
ela usava todos os dias o mesmo salwar kameez azul desbotado.

Sua família é pobre
e ela não pode ir à escola
como Indra e eu.

Ela varre, esfrega e limpa nossas privadas
para ajudar a alimentar sua família.
Todo mundo que eu conheço tem "uma moça que ajuda",

e com isso me refiro às filhas,
mães e irmãs de alguém,
que não têm escolha a não ser andar quilômetros

para fazer o trabalho que ninguém quer fazer
pelo parco dinheiro que vai alimentar suas famílias.
Pergunto aos meus professores por que a vida de Damini é tão injusta.

Por que Damini não pode ir à escola, como eu?
Por que o dinheiro determina a vida que ela leva?
Os adultos ao meu redor nunca dão respostas que me satisfazem.

"Isso é só destino, sorte, o jogo de cartas da vida."
"Eles devem ter feito algo de errado em uma vida passada."
"É que são diferentes de nós. Muito diferentes."

Mas, para mim, essa resposta não explicou quase nada,
e quando fiz perguntas que chegavam muito perto da verdade,
todos os adultos disseram que eu estava sendo rude.

E isso
também não é
verdade.

Para a menina que me chama de Didi

Se o mundo pudesse virar um lugar mais justo em um passe de mágica,
eu queria que virasse um lugar onde meninas como Damini

fossem recompensadas,
e não punidas.

Damini é uma das pessoas mais inteligentes que eu conheço.
Ela tem a língua afiada e sabe pechinchar

com qualquer vendedor até ele aceitar o que ela tem no bolso.
Ela é extrovertida e vive com um sorriso no rosto,

mas, se olhar com cuidado,
você vê a tristeza que fere seus olhos.

Ela fala, animada: "Didi, humko bhi sikhao Inglês".
Porque quer aprender inglês.

Quando ensino a ela, fico admirada com sua determinação,
com sua habilidade de falar uma frase estrangeira tão bem

que parece pertencer à sua boca.
Ela me chama de Didi. "Didi" significa "irmã".

Eu queria de fato ter feito algo
para merecer essa doçura de apelido.

O desejo

Na Turma Seis, de tarefa de casa,
nossa professora, a sra. Agnihotri,
nos pediu para escrever nosso maior desejo.

Observei Mohit e Ram
dando risada e fazendo piadas
e ninguém os impediu,

mas no minuto em que Shalini
e eu rimos, nós ouvimos:
"Silêncio, nada de rir".

Damini me contou que
seu pai e seu irmão não trabalham.
Só ela e sua mãe têm emprego.

Observei minha mãe reclamando
das tarefas domésticas e lavando roupa
enquanto meu pai assistia à tv.

Penso no que minha mãe disse
sobre privilégio e me pergunto
se os homens têm privilégios que as mulheres não têm.

Mas depois percebi que Indra,
aos 6 anos, já podia
ir à casa dos amigos,

mas quando eu pedia para sair,
me olhavam com desconfiança
para ver se eu não estava mentindo.

Naquela noite olhei para o meu caderno
e escrevi sem rodeios:

Queria ter a liberdade dos meninos.

Algo mudou depois que escrevi isso, a atmosfera nunca mais foi a mesma

A folha gruda na minha pele
enquanto observo o ventilador girar lentamente.
O suor escorre da minha testa.
Algo que não consigo descrever
pesa no ar.

O enxofre dá um jeito de entrar
com o vento, por uma janela com vista
para a cidade cintilante, coberta de neblina.
E de súbito, sem nenhum aviso,
uma deusa trazida pelo vento surge na minha frente.

Só sei que ela é uma deusa
porque me lembro de Draupadi.
Mas esse ser é cercado por
vaga-lumes, uma energia crepitante,
um gato preto gigante que desliza ao seu lado,

e uma parte de mim quer gritar.
Mas ela tem a pele áurea, gravetos nos cabelos,
uma esmeralda no nariz e sorrisos delicados.
Olhos de abismo delineados com kajal
brilhando de esperança,

ela pega minha mão úmida
em sua mão fria e diz com doçura:
"Vou te mostrar por que
você nunca deve querer ser
outra pessoa senão quem você é".

Só explorando sua sombra você pode alcançar a **luz**

A terceira história

Eu também já me ressenti do meu destino e quis ser outra pessoa.

Eu também me feri por dentro e deixei que essas feridas me tornassem amarga.

Em se tratando de deusas, poucas pessoas ouviram falar de mim. Não há ashrams nem livros que ensinam às pessoas sobre mim. Hoje eu existo através das palavras das mulheres ancestrais, que me sussurram nos ouvidos das filhas quando estão prestes a dar à luz, que rezam para mim pedindo filhos saudáveis. Alguns dizem que nasci demônio, outros que sempre fui deusa, mas todos concordam que sou a deusa do cuidado, das crianças, das futuras mães.

Meu nome é Shashthi. Nasci em uma floresta dourada dentro de uma deusa, filha de uma rainha Asura e um Deva. A essa altura você já sabe, menina, que Asuras e Devas, embora sejam primos, são inimigos mortais. Eles não devem se apaixonar e ter filhos. Meus pais, incapazes de me esconder, imploraram que a grande Devi me escondesse.

E então ela me engoliu inteira para me proteger, e quando cresci o suficiente ela me deu permissão para deixar a floresta. Ela beijou minha testa e me disse: "Shashthi, não posso mantê-la escondida para sempre. Você tem um propósito, todos nós temos. Vá e descubra o que o destino planeja para você". Ela me deu um presente, meu companheiro, o gato preto, para que eu não ficasse sozinha, e eu e ele viajamos pelas estrelas até chegar a esta terra.

Naquela época eu sabia tão pouco sobre o universo. Meu lado Asura era descontraído e irresponsável. Eu ainda me ressentia por meus pais terem me abandonado, e, junto de minha solidão, isso era uma receita perigosa. Eu queria do fundo do coração ser outra pessoa. Ou Asura ou Deva, mas não ambos. Nunca ambos. Então, como ninguém atendeu às minhas preces, fui me enfurecendo. Descontava minha raiva nas novas mães, e quando ela se manifestava eu devorava os bebês no sexto dia depois do nascimento. Eu era perversa e levava o sofrimento comigo aonde quer que fosse. Medo e meu nome se tornaram sinônimos.

Coisas terríveis acontecem quando você deixa a amargura dominar seu ser. Um dia você se olha em um espelho e não consegue mais se reconhecer.

Meu espelho também se apresentou para mim. Meu vahana, esse mesmo gato preto, me deixou e foi viver como um gato comum em uma casa simples com sete filhos. Ele não suportava mais os gritos das mães que eu punia. Os animais são de partes mais puras do universo. Eles não são como nós.

A casa para a qual ele foi tinha sete cunhadas e a mais jovem delas amava comida. Muitas vezes ela roubava alimentos. Quando era pega no flagra, ela culpava o gato preto, que, por sua vez, levava surras que quase o matavam. Como ele não podia falar as línguas humanas, ele não podia se defender, é claro. Lembre-se, menina, esse é um dos maiores pecados que há, culpar algo ou alguém que não pode se defender.

Esse segredo cruel me foi contado pela figueira-de-bengala, e eu senti meu sangue ferver de tanta fúria. Cada um dos meus passos chispavam fogo puro enquanto me dirigia à casa, e lá chegando, chorando de dor, encontrei meu gato preto tão querido. Eu o curei com raiz do nim e ele me contou sua história. Ao vê-lo com meus próprios olhos, minha raiva se transformou em ódio. Enquanto a mulher dormia, roubei seu filho primogênito.

Quando estava prestes a devorá-lo, o bebê fez barulhinhos e abriu os olhos, e ali, naquele momento, algo mudou em meu espírito. Talvez tenha sido a forma como ele riu, tão corajosa e inocente, ou como ele esticou o braço para pegar um dos meus colares. Em vez de devorá-lo, decidi criá-lo como se fosse meu filho. Seis vezes a menina deu à luz e todos os seis filhos eu roubei. Eu justifiquei dizendo assim: "Mentirosas como ela não merecem ter filhos".

O que fiz foi puro egoísmo, e eu deveria saber que isso não se faz. Foi observando as crianças crescerem e brincarem que compreendi meu erro.

Nunca subestime o amor de uma mãe por seus filhos. À medida que eu brincava de ser mãe substituta de seis filhos humanos, a Devi que havia em mim foi crescendo até sair do meu peito, até nos tornarmos uma só. Foi por isso que a mãe dos meninos, arrasada, rezava sem parar até que eu cedi, pois ser mãe também tinha me amolecido. E quando me pus diante dela, ela implorou pelos filhos. Antes fiz com que ela pedisse perdão ao meu amigo de quatro patas. Fiz com que ela prometesse que nunca mais mentiria e colocaria a culpa em um inocente. Ela cedeu, pegou seus filhos e espalhou essa história por aí, até que, um dia, a história boa ofuscou as histórias dos tempos em que eu era cruel e amarga. Eu me tornei conhecida pela misericórdia e pela maternidade. Eu reencarnei e me tornei uma versão de mim de que gostava mais. Você entende?

Foi assim que eu me tornei Shashthi Mata.

Daquele momento em diante, eu mudei. Não sou mais a devoradora de crianças, e sim aquela que as protege. Não aquela que pune as mães, mas a guardiã delas.

O que quero dizer é que só explorando sua sombra você pode alcançar a luz.

O que quero dizer é que só aceitando as partes de que tem vergonha você de fato pode se conhecer.

Depois da terceira visita

Paro: Mas e se você não aceitar essas partes de si mesma?

Shashthi: Aí você nunca vai encontrar seu propósito e vai perambular pela vida se odiando.

Paro: Mas e se houver coisas dentro de você que são difíceis demais para amar, e você preferiria ser outra pessoa?

Shashthi: Aí você aprende a se interpretar melhor.

Paro: Mas e se o mundo te odiar por ser quem você é?

Shashthi: Aí você oferece ao mundo uma história mais generosa.

Paro: Como você aprendeu a se perdoar por toda a dor que causou aos outros?

Shashthi: Eu não me perdoei. É mais fácil perdoar os outros do que a você mesma. Mas aos poucos estou aprendendo. Cada boa ação que faço neutraliza parte do mal que outrora causei. Agora, durma. Um dia nós a veremos novamente.

"A chuva fala comigo à medida que cai.
O mensageiro do vento sussurra canções de ninar.
O cheiro de enxofre vai embora
e me vejo sozinha na mesma hora."

Assobiando

O dia seguinte é um bom dia.
As monções vieram antes da hora,
aplacando a sede da cidade seca.
O céu usa um novo vestido rosa, quase laranja.
O cheiro da chuva sobe
para me encontrar a cada passo.
Estou indo buscar samosas
porque vamos comê-las com chai.

Só de pensar nisso meu coração transborda.
Começo a assobiar para expressar tamanha felicidade.
O vento ganha força e sementes de dente-de-leão dançam-passam
por mim.
Quase não vejo o sr. Singh em seu gramado bem-cuidado.

Todas as meninas da colônia evitam esse atalho.
Mas Shashthi me tornou mais corajosa,
por isso corto caminho passando pelo jardim do homem.
Seu bigode se arrepia quando ele me vê

e seus óculos fundo de garrafa
deixam seus olhos preconceituosos maiores
Ele provoca: "Assobiar não é coisa de menina.
Sua mãe não te deu educação, não?".

Em um dia qualquer, isso me derrubaria.
Mas, como eu disse, hoje é um dia bom.
E virei uma versão mais sábia de mim. Então eu digo, atrevida:
"Minha mãe me ensinou muita coisa, sr. Singh,

mas a melhor lição foi nunca dar ouvidos
quando alguém diz o que uma menina pode ou não pode fazer".
Quando saio saltitando, sem me importar com ele,
faço questão de assobiar minha música ainda mais alto.
só para deixá-lo irritado.

Sra. Agnihotri

Passa uma tarefa diferente pra gente.
"Escreva um manifesto pessoal."

A sra. Agnihotri sempre nos dá
tarefas desse tipo.

Ela chama isso de "desenvolvimento emocional".
Ela nunca nos dá nota para esses exercícios.

Ela diz: "Não faz sentido dar uma nota
para uma tarefa assim".

Acho que os outros professores não gostam dela.
Às vezes os ouço nos corredores

dizendo que ela é estranha, dizendo que ela usa salwar kameez
coloridos, quando deveria usar os mais sóbrios.

Cochicham que ela é muito riponga
com seus brincos grandes e suas pulseiras coloridas.

Eu gosto muito da sra. Agnihotri. Todos os alunos gostam.
Suas tarefas são as melhores.

Vou para casa e procuro a palavra manifesto
no dicionário. Ela significa:

"Uma declaração pública das motivações, intenções
ou opiniões do autor, seja ele um indivíduo ou um grupo".

Passo horas pensando no que Shashthi
me ensinou e olhando a cidade.
Então abro o caderno vermelho que reservo
para as lições da sra. Agnihotri, e com uma caneta preta
escrevo com muito cuidado:

Como ser uma menina revolucionária

Um manifesto de Paro Madera

Você pode ser revolucionária, mesmo tendo só 12 anos. Mesmo quando se sentir pequena demais, você pode fazer o seguinte:

1. Quando um menino da sua classe puxar seu cabelo como se fosse uma corda no playground e a professora fizer pouco disso, dizendo "Ah, ele deve gostar de você", olhe bem nos olhos dela e diga: "As pessoas que gostam de nós não nos machucam, e você não pode estimular isso".
2. Quando o motorista do ônibus escolar ficar te encarando por muito tempo, transformando seu corpo em um banquete para os olhos dele, não se esconda e não sinta vergonha. Em vez disso, quando descer do ônibus, diga para ele que você aposta que ele tem uma filha da sua idade e que os homens olham para ela dessa mesma forma.
3. Quando os meninos da sua classe desenharem na lousa todas as professoras mulheres ajoelhadas diante de homens, não tome parte disso com uma risada nervosa. Ignore o deboche deles, pegue o apagador e apague a misoginia que cometeram na frente deles.
4. Quando alguém encostar nos seus seios "sem querer" na cantina, bata na mão dessa pessoa com toda a sua força.
5. Quando os meninos puxarem as alças do seu sutiã para se divertir com o barulho que elas fazem, não corra. Em vez disso, enfie as unhas nas mãos deles. Mostre que, se eles tentarem encostar em você, eles vão se machucar.
6. Ensine seu irmão caçula a fazer pequenas coisas, como arrumar a própria cama e limpar os objetos. Ensine a ele que essas não são "coisas de menina".
7. Seja inconveniente. Levante sua mão e ignore quem resmungar. Expresse suas opiniões. Entre em discussões. Salas de aula não são territórios dos meninos.
8. Se as pessoas suspirarem e disserem "Meninos são assim mesmo" para explicar por que eles podem fazer o que você não pode, dê um sorriso meigo e diga: "Meninas são assim mesmo". E faça o que você quiser.

Treze anos

Vai acontecer durante uma festa de casamento. Em meio a uma explosão de cheiro de jasmim e o caos com cores combinando.

Dessa vez sua mãe vai obrigar você a usar uma lehenga rosa-claro, em vez de um salwar kameez, e quando você lhe disser que o bordado de pedras e contas dá coceira, ela vai dizer que semana que vem você completa 13 anos e que precisa aprender que um dos princípios da feminilidade é aprender a suportar a dor com elegância. Você não vai entender por que precisa abrir mão do conforto, mas você confia nela, então imagina que vai entendê-la melhor quando ficar mais velha. Seu irmão vai chorar e reclamar que suas roupas dão coceira até ficar com o rosto vermelho de raiva. Para acalmá-lo, sua mãe vai prometer lhe comprar um sorvete.

O hotel e o casamento vão parecer uma coisa de outro mundo. Orquídeas lilases e jasmins brancos vão decorar uma escada de mármore que leva a um saguão com piso dourado, tapetes cor de vinho e lustres. Todos os presentes vão parecer ter saído de uma tela de cinema; a alegria e o riso serão maiores do que você jamais imaginou serem possíveis. Tios e tias que você não via havia muito tempo vão se aproximar para abraçar você e seus pais.

Uma amiga da família, aquela que você mais gosta, vai se casar. Ela só tem 22 anos. A mãe dela encontra sua mãe na entrada, e a primeira coisa que ela diz é "É uma família de industriais. O rapaz venceu na vida. Graças aos céus, acho que isso vai colocá-la nos trilhos". E você vai estremecer, mas não vai saber o porquê. O saguão vai ter cheiro de swarg, o lar dos próprios Devas. Mesas brancas repletas de todo tipo de roti, naan, dal, murgh makhani, phirni e bolo. A família não economizou, e, à medida que seus pais transitam pelo grupo e conversam com seus velhos amigos, você se afasta para procurar a noiva, a amiga da família, aquela que você mais gosta. No caminho, as tias mais velhas vão te pegar e levar à mesa em que estão. "Lembra de mim? Da última vez que te vi, você era tão pequenininha!" E você não vai se lembrar, mas mesmo assim vai concordar com ar educado, e elas lhe dirão que você é linda e você vai ficar corada.

Quando você se sentar e beber uma Fanta que colocaram na sua frente, a tia que está usando um penteado bufante e uma tiara vai dizer para a tia que tem uma verruga no nariz e usa um sari preto e dourado: "Esta aqui é uma boa menina. Mas você ouviu falar da filha da Jassi? Que pena... Só 17 anos e já fez um aborto. Destruiu a imagem da família. Que badnaami!". Um incômodo insuportável vai fazer sua barriga doer, e você vai beber a Fanta mais rápido. "E o filho de Mano? Ele foi expulso por mau comportamento, estragou o futuro dele." O pânico vai subir pela sua garganta e o zumbido das pessoas ao redor vai parecer um rugido. "E a menina de Saloni? Não sei, não. Essas mães jovens estão educando os filhos muito mal. Na minha época não tinha nada disso!" E você vai se perguntar por que os pais não levam a culpa quando um filho comete um erro. Você vai pedir licença porque não aguenta mais ouvir essas coisas, e vai perguntar onde está a noiva. O noivo, um homem alto com cabelo grisalho e um achkan azul muito chique vai dizer: "Ela foi para seu quarto".

Você vai sair correndo e abrir a porta, mas quase não vai conseguir vê-la. Ela é um turbilhão de vermelho, dourado e pulseiras e está sussurrando, de frente para uma parede. Ou pelo menos você acha que ela está de frente para uma parede. Bem quando você está prestes a dizer seu nome, você vê. O verde do sari se destaca e você vê braços cobertos de henna envolvendo a cintura da sua amiga, puxando-a para perto. Seus ouvidos vão ouvir o beijo, ainda que seus olhos insistam que o que você está vendo não é real. Você vai ouvir um soluço estrangulado em contato com uma boca. Um "eu te amo" roubado tão suave que poderia ser o sussurro de seda roçando em seda. E um "me desculpa" que soa mais como "destruída". A menina de verde a verá por cima do ombro e o rosto molhado de lágrimas da sua amiga seguirá o olhar da outra até encontrar o seu.

Antes mesmo que ela abra a boca para pronunciar "Paro", você vai voltar na direção da porta, a cabeça cheia de coisas que você não sabe nomear, e sair andando, o rosto queimando de confusão.

Mais tarde, você vai contar sobre isso para a sua mãe, só porque você conta quase tudo a ela. Sua mãe vai dizer: "Não é verdade. Você deve ter imaginado". E, quando você insistir, ela vai virar para você, os olhos amendoados ardendo de raiva, e você vai saber que não deve mais tocar nesse assunto. Mas saberá a verdade. Você sabe o que viu.

Logo, o nome da amiga da sua família, aquela que você mais gosta, vai desaparecer, porque ninguém o mencionará. Logo, ela vai deixar de atender suas ligações e você vai ficar se perguntando o que fez de errado. Logo, seu coração vai se quebrar inteiro quando você perceber como é terrível amar alguém tanto que você chama essa pessoa de sua favorita, mas essa pessoa não quer mais nada com você, e você nem sabe o que fez de errado.

Vai acontecer em uma festa de casamento. Em meio a uma explosão de cheiro de jasmim e o caos com cores combinando, você vai aprender que é perigoso ser uma menina em um mundo que se recusa a nos aceitar como somos.

Mamãe diz

"Chegar aos 13 anos é algo especial,
então vamos fazer uma festa para você."

Isso é música para os meus ouvidos.
Nunca tive uma festa de aniversário

Mamãe e eu fazemos convites azul-celeste
à mão com papéis coloridos de dobradura

e canetinhas índigo e púrpura.
No dia seguinte, entro na classe e os entrego.

Todos parecem muito animados.
Mohit, Ram e até Shalini

pegam os convites, sempre sorrindo.
Estou tão empolgada que depois da aula vou comprar um bolo.

A mamãe e eu decoramos a casa
com faixas e um grande cartaz

que diz "Feliz aniversário de 13 anos".
Enchemos bexigas e distribuímos pratos de papelão.

"Essa",
penso com alegria,

enquanto espalho os guardanapos da cor púrpura,
"vai ser a melhor festa de todas."

Como eu poderia saber que os deuses
transformariam isso, também, em uma lição?

Se aniversários fossem filmes

Minha festa de 13 anos seria
aquela na qual a menina rejeitada
faz uma festa e convida a classe inteira
e todos dizem que vão
mas ninguém dá as caras.

O amanhecer derrete aos poucos e vira noite,
e eu fico olhando o bolo açucarado
de um sabor que sequer gosto,
mas que todo mundo gosta,
e me recuso a cortá-lo.

Humilhação e fome
machucam meu estômago
até que eu enfim me entrego
à bondade de minha mãe e embalamos a comida
e as lembrancinhas para que Damini leve tudo para seu vilarejo.

A diferença entre um filme
E a vida real é que, no filme,
a menina nem tão popular assim
muda o visual
e se torna a rainha da classe.

Na vida real, eu só choro até dormir.
Mas o filme e a vida real
têm algo em comum:
acontecimentos como esses são a fagulha
que transformam as meninas de festividades esquecidas
em fogos de artifício.

Segunda-feira na escola

Shalini dá risada quando chego
e sussurra em tom dramático:
"Como foi seu aniversário, Paro?".

Antes que eu possa dizer qualquer coisa,
ela e Mohit caem na gargalhada.
Meu rosto queima de vergonha.

Minhas mãos se fecham com força
e lágrimas de raiva ameaçam cair,
mas não permito que a barragem em mim se quebre.

Não vou deixar que me vejam chorar
pela dor que me causaram,
então forço o maior sorriso que posso.

"Nossa, foi incrível,
obrigada por perguntar."
Eu me permito gostar

da expressão incomodada de Shalini,
depois enterro a cabeça
no livro

que a mamãe me deu de presente
e deixo que ele me leve para muito, muito longe,
para um lugar no qual armários

levam a terras onde vivem pessoas mais bondosas,
rainhas sábias e limonada,
manjar turco e torta recheada.

Cruéis

Mamãe me conta sobre os seus tempos de colégio.
Ela me conta sobre os seus amigos e sobre as meninas
que eram cruéis com outras meninas e faziam disso uma arte.

Pergunto a ela, com curiosidade: "Por quê?".
"Às vezes as meninas tratam umas às outras desse jeito."
Ela diz isso de um jeito que me faz sentir um peso.

É que algumas meninas da minha escola, como Shalini, estão mudando.
Eu vejo que elas afiam os dois lados de suas palavras,
brincando de tiro ao alvo com os sentimentos das pessoas.

Elas usam saias que desrespeitam as regras da escola.
Vivem fumando escondidas no banheiro.
"Meninas descoladas" — pura indiferença e olhos revirados.

Elas se tornaram atiradoras de elite,
mirando nas piores inseguranças de todo mundo.
E mesmo assim todos querem se aproximar delas.

Li em algum lugar sobre reféns
que se apaixonam por seus algozes.
Chamam isso de "Síndrome de Estocolmo".

Ou talvez toda garota tenha seu jeito de se revoltar.
Algumas de nós reivindicam o poder com pequenas revoluções.
Outras aprendem que ter poder é subjugar as pessoas.

É um outro aprendizado.
E eu não me importaria com isso
se não fosse um alvo tão fácil.

Elas me batizaram de "Barril", "Gordinha"
e "Baleia", palavras que nunca me feriram
até o dia que foram usadas como dardos para acertar meu coração.

Peso

Se a maioria das revistas dizem.
Se a maioria das meninas fala a respeito disso.
Se a maioria dos comerciais de tv confirmam.
Se a maioria das minhas atrizes preferidas personificam isso.
Se a maioria das pessoas faz brincadeiras "sem maldade" sobre isso.
Se os parentes beliscam minhas bochechas fartas com força.
Se outras pessoas fazem disso minha identidade.

Me diga como posso impedir

que isso entre em mim
que isso construa uma casa dentro da minha cabeça
que isso faça da fome minha melhor amiga
que isso transforme a comida em uma inimiga

quando parece que o universo inteiro está me dizendo que
quanto menos espaço eu ocupar,
mais fácil será me amar.

Carboidrato

"Carboidrato?", diz a tia Sunita com malícia nos olhos
enquanto ela passa os naans de manteiga para a mamãe.

Somos tardes de domingo de comida e amizade,
velhas canções de rádio recheadas de memória.

Vejo minha mãe rir, passando discretamente
o prato para mim sem pegar nenhum.

O prato dela é uma porção pequena de arroz e um pouco de dal,
mas se você olhar para a mesa, há comida suficiente.

Todas as tias, sem exceção, falam sobre emagrecimento.
Sobre as últimas dietas da moda e como cortaram o açúcar.

Depois, vejo a mamãe se olhar no espelho
em um sari preto e prata maravilhoso e dizer para si mesma:

"Eu engordei tanto. Eu deveria ser mais magra que isso".
E não consigo imaginar como ela carregou a mim

E a meu irmãozinho em uma barriga tão lisa e pequena.
Como ela conseguiu entrar em um jeans tamanho 34

poucas semanas depois de eu nascer
e ainda pensar que seu corpo

não é simplesmente perfeito.
Depois, eu olho para mim no espelho,

cutuco a gordurinha da minha barriga e as bochechas
que minhas tias achavam tão fofas quando eu era criança

e aperto até doer. E eu suspiro e sibilo:
"Eu deveria ser mais magra que isso".

Simples assim

Enquanto a noite esticava seus braços
pela capital que nunca dormia,

a brisa morna do deserto acordou,
os mensageiros do vento soaram novamente,

e a chuva começou a dançar,
transformando a cidade em uma pintura a óleo.

O horizonte de estradas e trânsito reluziram
como o pescoço cheio de joias

de uma rainha contra o brilho poente
do rubro, rubro sol.

A cidade lentamente se tornou uma deusa
vestida de sari carmim, seus olhos cheios de luz celestial,

seu ventre redondo e orgulhoso.
Duas mãos cobertas de henna seguravam lótus,

enquanto as outras duas se estendiam
e tomavam as minhas enquanto me levantava.

Eu sabia por que ela estava aqui.
Era hora da quarta história.

A quarta história

Há muito, muito tempo, quando animais ainda podiam falar, e esta terra era pura o bastante para que a magia andasse livre, mil criaturas viviam entre as estrelas. Esses seres celestiais respiravam em meio a um oceano leitoso que havia sido criado pela própria deusa-mãe.

Quando abri os olhos pela primeira vez, eu era uma dama d'água com estrelas fiadas em meu cabelo, comprido até a cintura, e nadava pelas águas celestes com facilidade. Eu mesma dei de comer e beber a constelações e ajudei estrelas recém-nascidas a tomar o primeiro fôlego. Ninguém me ensinou a fazer essas coisas. Era um conhecimento com o qual meu espírito havia nascido. Eu vivia sozinha, mas nunca solitária. Meu trabalho de nutrir um oceano tão amplo de novas estrelas me mantinha ocupada.

Um dia tudo isso mudou, porque a Devi veio me visitar. Ela me disse que meu destino era outro. Eu renasceria como a deusa chamada Lakshmi para levar equilíbrio ao universo. Ela me disse essas coisas com as mãos douradas no meu rosto: "Você será amada. Você será reverenciada. Mas preciso separá-la de tudo que você pensa amar".

Ela me disse que os Devas e os Asuras iriam revolver esse oceano estrelado que chamo de lar. Que iriam tomar tudo de valioso que vem dessa mudança. "E isso inclui você, minha filha. Mas não deixe que tomem posse de você. Enviarei uma flor de lótus que a levará aonde precisa ir."

Assim que ela proferiu essas palavras, houve uma mudança. Minha próxima lembrança é cheia de dor, uma fisgada que me arrancou do oceano. Eu sentia frio e estava em um mundo que não conhecia. Devas e Asuras me rodeavam e senti fúria deles, o conflito para decidir quem me possuiria, a filha do mar de leite. Enquanto as vozes trovejavam, senti que me partiam em pedaços, até que enxerguei uma luz intensa que me chamava, e me agitei até me libertar e correr para o lótus. Foi então que pude me sentar em suas macias pétalas cor-de-rosa e enfim encontrei algum consolo. A flor flutuou pelo mar, me acalentando em um sono profundo.

Dizem as histórias que foi nesse momento que Vishnu me encontrou. Cada uma de suas pegadas dançavam sobre as águas enquanto ele vinha em minha direção. Ele me ofereceu a mão e então disse: "Deixe-me protegê-la, deusa-dama. Nem Devas, nem Asuras devem possui-la. As dádivas que você traz são tão poderosas que seres inferiores não sabem manejá-la".

O que as histórias não contam é como eu sorri e me levantei com sua ajuda, meus pés encontrando apoio nas pétalas aveludadas do lótus. Como olhei nos olhos dele e disse: "Eu não preciso ser salva, meu senhor. Tomarei sua mão como uma igual".

Os olhos de Vishnu reluziram com uma emoção sem nome, palavras surgiram em seus lábios apenas depois de certa contemplação. "Meu destino é complicado, ó, deusa. Se escolher estar ao meu lado, você também deverá enfrentar reencarnação após reencarnação."

Eu sorri, enfim compreendendo o que a Devi quis dizer, e respondi: "Não deixei tudo que conhecia para seguir sem desafios".

Então cheguei até aqui, até sua terra, em muitas, muitas encarnações. Como Sita, e Rukmini, e Radha — cada uma delas mudando a história lentamente à minha maneira, embora eu seja lembrada somente como consorte.

Existe uma hipocrisia aqui. Algo que até deusas, divinas, devem enfrentar. As pessoas dizem que quando filhas nascem, "Lakshmi ghar aayi hai". Dizem aos outros que a prosperidade chegou a seus lares, mas entre portas fechadas, muitos ainda consideram filhas um fardo. Nem mesmo reconhecem minha forma mais real e minha beleza. Aqui, nesta terra, me retratam magra, a pele tão branca que chega a ser transparente. Mas, me diga, qual é a natureza da prosperidade? Qual é a aparência da prosperidade senão a abundância que meu corpo sempre mostrou? A versão mais verdadeira de mim é esta: próspera, encorpada, com a pele da cor da terra na qual flores acabaram de ser plantadas, olhos mais escuros do que a tempestade.

É preciso braços grandes para segurar uma estrela recém-nascida — eles não levam isso em consideração; peso para domar as fases selvagens da lua quando ela tenta desequilibrar os planetas — eles não levam isso em consideração; quadris largos o bastante para gestar uma estrela estando acordada, desenhando um sistema solar. Sou grande, sou enorme, e adoro ser assim com toda a essência do meu ser.

É por isso que digo a você, menina querida: se tentaram até diminuir a deusa da prosperidade, para torná-la metade do que ela é, ao retratá-la de uma forma que suas pequeninas mentes mortais acham tolerável, a opinião dessas pessoas não deve determinar como você nutre seu corpo, ou como você se sente na sua própria pele.

Alimente-se com o que você quiser. Eu lhe dou permissão.

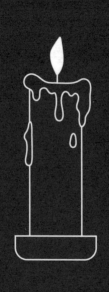

Depois da quarta visita

Paro: Em algum momento você queria poder retomar sua antiga vida?

Lakshmi: Deusas e mulheres vivem muitas vidas. Não podemos voltar a ser quem éramos, só podemos nos tornar quem seremos.

Paro: Mas você quer?

Lakshmi: Às vezes. Todos gostaríamos de poder voltar às vezes. Eu não sou uma exceção.

Paro: Por que os deuses e deusas reencarnam?

Lakshmi: Para que possamos cumprir nosso dharma, nosso dever cósmico. Para que a gente nunca se esqueça de como é ser humano. A beleza e a tragédia de ser mortal é um presente para todos, até mesmo para o divino.

Paro: Como você lida com a dor do que uma vez foi?

Lakshmi: Pensando na beleza do que será.

Paro: Todos os deuses e deusas sabem o futuro e o que será?

Lakshmi: Às vezes. Outras vezes, o universo nos surpreende tanto quanto te surpreende. Mas nós confiamos e acreditamos que o que está vindo trará beleza. Como o lótus que cresce até na mais lamacenta das águas, cada experiência traz consigo sabedoria, virtude e admiração, se você escolher enxergá-las.

No dia seguinte, na aula de Inglês

A sra. Kamra é pequena, tem olhos ferozes
e cabelos vermelhos como henna ao sol.
Parece uma bruxa saída de um conto de fadas.

Ela lê Robert Frost, William Wordsworth
e Rabindranath Tagore e diz:
"Cada pessoa ouve um poema de forma diferente".

Levanto a mão e pergunto:
"Mas, sra. Kamra, por que todos os poetas que lemos são homens?".
Rami zomba: "Porque a poesia das mulheres é uma bosta".

Mohit e os outros meninos caem na gargalhada.
A sra. Kamra os silencia com aquele olhar.
Aquele em que ela aperta os olhos até virarem pequenas fendas,

e se esse olhar recair sobre você, você se sente um verme.
Eles murcham na cadeira
e enterram a cabeça nos livros didáticos.

A sra. Kamra olha para mim
e diz: "Lemos poetas selecionados
pelo conselho no plano de estudos".

Isso não responde à minha pergunta,
mas o olhar eloquente
que ela me dá diz tudo.

Tarefa da aula de Inglês

Para o módulo de poesia que estamos estudando, leia o trabalho de mulheres que foram contemporâneas dos poetas que estudamos no programa. Escolha uma poeta que você admira e tente escrever um poema como ela. Existem muitas poetas brilhantes que você pode ler, como Sarojini Naidu, Maya Angelou, Audre Lorde, Amrita Pritam, Emily Dickinson e muitas outras.

Digam às suas filhas

Um poema de Paro Madera a partir de Maya Angelou

Digam às suas filhas que vocês amam seu corpo.
Digam a elas que elas precisam amar o corpo delas.

Digam a elas para se orgulharem de cada pedacinho do que são:
das estrias à pele macia das coxas,
seja muito ou pouco dessas coisas,
se sardas cobrirem seu rosto ou não,
se as curvas forem abundantes ou poucas,
se os cabelos forem grossos, crespos, lisos, longos ou curtos.

Digam a elas para amarem a pele que habitam,
seja ela clara ou escura,
sejam elas baixas, altas, gordas ou magras,
se sentirem vergonha de suas cicatrizes
ou das manchas e marcas que houver em sua pele.

Digam a elas como são bonitas,
não importa o que qualquer pessoa diga.
Digam a elas que seus corpos não são imperfeitos
e como combinam com elas
de tantas, tantas maneiras.

Digam a elas que elas herdaram
a alma de seus ancestrais em cada sorriso,
que seus olhos levam países
que deram vida à história,
que o balançar do quadril
não determina o destino.

Digam a elas para ignorarem qualquer crítica a seu corpo.
Digam a elas que o corpo de toda mulher é lindo
porque a alma de toda mulher é única.

Boca

No verão, na Turma Nove,
me torno mais boca do que menina.
Tudo ao meu redor cai mal.
Eles me chamam de árvore
porque sou mais alta que a maioria dos garotos,
e digo a eles que adoro árvores.
Eles me chamam de peixe-espada
porque meu nariz é comprido demais,
e eu digo a eles que não importa.
Eles me chamam de monstro,
e eu rio e digo: "Podem ficar com medo".
Eu ainda tenho pelos grossos nas pernas
enquanto as outras garotas brilham
como se fossem esculpidas pelas estrelas;
membros sem pelos, brilhantes, discretos,
"Como as meninas devem ser".
Até as revistas femininas
me dizem que estou errada.
Então é isso que o papai quis dizer
quando disse que o mundo
me faria sentir pequena.

Este também é um rito feminino.
Desde que você ainda é uma semente,
ensinam de maneiras sutis que você deve se odiar.

Que escolha eu tenho quando não estou me escondendo,
senão ter uma língua tão afiada
que tudo ao meu redor começa a sangrar?

Catorze

Talvez seja uma coisa da idade.
Ou talvez seja por causa de Indra.
Ou talvez seja aquilo que aconteceu
tantos anos atrás na feira.

Mas eu e a mamãe não conversamos mais.
Não como conversávamos antigamente.
Não há mais histórias antes de dormir
nem canções de ninar.

Indra nasceu tagarela
e preocupado. Ele diz tudo
à mamãe, não tem segredos,
nada que esconda dela.

Agora ela é mais rígida comigo.
Não posso mais usar vestidos nem shorts.
Não posso usar camisetas sem manga,
nem no auge do verão.

Seus olhos estão marcados pela insônia.
Criar dois filhos praticamente sozinha
em uma cidade que não é gentil com as mulheres
é apostar alto com os deuses.

Talvez por isso ela reze mais.
Todas as manhãs, ela lê
os jornais, o rosto cada vez mais pálido
ao saber dos estupros que acontecem na cidade.

Ela lê sobre mães que choram.
Quando eu a pego me observando
enquanto tomo o café da manhã antes da aula,
sei que ela está preocupada comigo.

Faço a tarefa de Indra para ele

Eu sei que não deveria, mas a mamãe me pede.
Ela diz que eu sei ficar quieta e calma
mais do que ele jamais saberia.

Isso não me parece justo,
porque preciso fazer minha tarefa e a dele também,
mas se isso a ajuda, não reclamo.

Amo meu irmão e ele me ama,
mas nossas diferenças
ficam mais óbvias a cada ano.

Quando Indra era bebê, ele enrolava
os dedos no meu cabelo para pegar no sono.
Agora ele retruca quando falo.

Seus insultos se tornam mais afiados.
Sua voz vai ficando mais fria.
Eu tento deixar pra lá.

Tento continuar fazendo todas as coisas que eu fazia.
Ser a fada dos dentes para ele,
às vezes comprar um presente quando posso.

E mesmo que ele ainda me chame de Didi
e me peça para ler histórias,
percebo que ele pede cada vez menos,

percebo que muitas vezes ele fica com um olhar distante,
um olhar de alguém mais velho e mais sábio
perdido em suas preocupações.

O mandir

Toda terça de manhã,
Nós vamos ver a deusa.

"Terças são auspiciosas",
diz a mamãe, enquanto cobrimos a cabeça

e subimos a escadaria de mármore descalças,
o frio bem-vindo no calor do verão.

O pujari entoa mantras
enquanto cruzamos nossas mãos e rezamos.

Bom, a mamãe reza.
Eu só fecho os olhos diante da estátua.

Suponho que seja diferente
quando você sabe que Ela não é assim,

que a deusa que você conhece
e aquelas para quem os outros rezam

são seres divinos
completamente diferentes.

Quando saímos,
mamãe me pergunta:

"O que você pediu?".
E eu engulo em seco,

como sempre faço antes de mentir para ela.
"Rezei para me sair bem na escola."

Uma resposta que deve satisfazer
qualquer mãe, inclusive a minha.

Quando o papai volta do mar

Ele deixa a mamãe dormir até tarde
e acorda Indra e eu
Com copos de leite dourado,
Ele até faz nosso lanche.

Eu posso até ter 15 anos,
mas ele ainda coloca
chocolates 5 Star,
e biscoitos Parle-G na minha bolsa.

Ele nos conta histórias do barco
e de todas suas viagens
e faz questão
de ver se fizemos nossas tarefas.

É assim que aprendo
que existem múltiplas
maneiras
de falar "eu te amo".

Em muitas delas
você não
precisa usar
palavra nenhuma.

Bullies

Toda escola tem esses alunos.
A minha não é especial, nem nada.

Eu deixei de me incomodar com os meninos;
Mohit e Ram são os piores.

Eles puxam meu rabo de cavalo e debocham de mim
com piadinhas sem graça, tão batidas que nem magoam.

São as meninas que me machucam de verdade.
Shalini agora tem sua panelinha com Priya e Mahi.

Acho que elas conseguem sentir que sou solitária.
Nas mãos erradas, essa informação é uma arma.

Priya é a líder. Alta, cabelo com franja, um sorriso cortante
e linda. Hoje em dia Shalini é a mais malvada,

baixinha com insultos de arame farpado,
balançando seu cabelo escuro e comprido.

Mahi é a que destoa. Ela é gentil,
mas não quando as outras estão por perto.

Quando as três estão juntas,
elas são a onda que vem antes de você se afogar.

Elas falam com a maior facilidade coisas como
"Dentuça", "Puta" e "Churel".

Mas quando Priya e Shalini não estão,
Mahi se senta perto de mim,

divide os morangos que trouxe na lancheira,
sem dizer uma palavra.

Um segredo sobre o qual não falamos nem entre nós.

"O que aconteceu na escola hoje?", mamãe pergunta

O que quero falar:

Fui mal na prova de Geografia mesmo tendo estudado, acho que talvez eu seja burra, e a sra. Anu me fez ficar do lado de fora da sala por fazer meu trabalho de casa errado e Priya não parou de jogar coisas em mim durante a última música da assembleia e Mohit puxou meu cabelo com tanta força que arrancou um chumaço, e minha cabeça ainda está latejando, e fui malvada com um aluno mais novo porque estava triste e brava, e agora estou me sentindo mal, mas não sei como pedir desculpas, o que eu deveria fazer? Eu me sinto tão sozinha lá, não me faça voltar, mamãe, as crianças de lá me assustam, me dão vontade de engolir meu corpo inteiro, me fazem perder a vontade de existir, meu coração está tão encolhido e machucado.

O que falo:

"Nada. O de sempre".

Mais coisas que não conto para a mamãe

1.

Hoje nossa turma ganhou um aluno novo.
O nome dele é Sam, ele tem covinhas nas bochechas,
e ele é da Caxemira como eu.

Ele gosta de Star Wars e tem sotaque americano,
vive desenhando orcas e dinossauros
nas páginas de seu caderno de desenho.

Ele é muito talentoso, estranho e esperto,
mas as outras crianças da sala debocham dele.
Acho que é por isso que sei que seremos amigos.

2.

Passo todos os recreios na biblioteca
entre páginas de livros antigos
que eles não nos ensinam na escola.

Antes eu preferia ler Jane Austen a estudar Biologia.
Mas depois a srta. Walia, a bibliotecária,
me apresentou às releituras feministas da Mitologia
da dra. Chitra Banerjee Divakaruni.

Sua versão de Draupadi
é a mais fiel à verdadeira
que me contou a história
tantos anos atrás.

3.

Toda vez que Shalini e Priya
me excluem durante o recreio

eu penso nas histórias
que você me contou quando eu era pequena.

Penso na mão fria da Nani na minha testa.
Queria estar a mil quilômetros daqui.
Isso ajuda quando elas viram caçadoras.
Ao menos com minha língua afiada eu não sou mais uma presa fácil.

4.

Mahi se senta bem ao meu lado na aula de Inglês,
e esse é um dos motivos para essa ser minha aula preferida.

Às vezes quando arrisco olhar para ela,
encontro seus olhos porque ela já está olhando para mim.

5.

Na aula de História aprendo a frase
"A história é contada pelos vencedores".

Quando a sra. Krishnan fala sobre a Partição,
sinto os rios de sangue no meu cerne.

Eles falam sobre isso de um jeito tão objetivo,
como se tivesse acontecido há tanto tempo

que já viramos a página
e esse capítulo se tornou uma relíquia esquecida.

Às vezes, depois da aula de História,
eu choro no banheiro feminino, sussurrando
minha terra
     minha família
          minha casa.

O que ensinam sobre a Partição na escola

Então foi assim: o Raj Britânico acabou,
mas eles se recusaram a deixar o país como estava.

"Por quê?" Por causa de tensões religiosas
que estavam derramando sangue

e causando dor e tristeza
para muçulmanos, hindus e sikhs.

"Por quê?" Porque pessoas de religiões diferentes
acreditam em Deus de maneiras diferentes.

E às vezes isso leva a
mal-entendidos e violência.

"Um muçulmano, um hindu e um sikh traçaram a linha juntos?"
Não. Foi um homem britânico que nunca tinha ido além do leste de Paris.

Seu nome era Radcliffe. Ele foi escolhido para traçar
uma linha através de um mapa, por lugares que ele nunca havia visitado.

Através de Punjab, através de Gujarat, através da Caxemira,
através de Bengal, através de Sindh, e isso se tornou o Paquistão.

E um homem chamado Jinnah se tornou o primeiro-ministro deles.
E um homem chamado Nehru se tornou o nosso.

"Isso trouxe paz para todas as pessoas dos dois países?"
Não. Levou à maior migração forçada da história.

Quase dois milhões de pessoas morreram.
Mais de setenta mil mulheres foram estupradas.

"Isso ao menos levou ao fim dos conflitos entre nós?"
Não. A Índia e o Paquistão continuam em conflito até hoje.

Os efeitos da Partição atingem o Paquistão, a Índia, Bangladesh.
Milhões de famílias nunca se recuperaram.

"Não havia como fazer isso de forma pacífica?"
Talvez houvesse. Mas os britânicos estavam com pressa.

Na época, eles insistiram que a maneira como o fizeram
era a melhor maneira.

"As pessoas que colonizaram nosso país por mais de trezentos anos
afirmaram saber o que era melhor para nós?"

É, pois é.
Eu também não entendo.

O que eu sei sobre a Partição

Às vezes quando olho para meus avós,
sei exatamente onde Radcliffe traçou sua linha.
Através de suas vidas, através de suas casas.
Entalhada em seu coração
Atravessando tudo que são.

Eu me pergunto quantas famílias
tiveram gerações inteiras destruídas
por um homem que segurava uma caneta e um mapa.
Eu me pergunto se alguma vez seus rostos o assombraram
enquanto ele transformava pessoas em números e planos.

Partição

Um poema no meu livro de História por Paro Madera

O que meu livro diz (e eu rasuro):

~~Em 1947, por um ato do Parlamento do Reino Unido, a Índia britânica foi dividida em dois países independentes, Índia e Paquistão. A Índia é agora conhecida como República da Índia, e o Paquistão é a República Islâmica do Paquistão, e Bangladesh se tornou a República Popular de Bangladesh. A ideia era dividir duas províncias, Bengala e Punjab, em distritos de maioria não muçulmana ou muçulmana. Isso foi descrito no Ato de Independência da Índia de 1947, levando à dissolução do domínio dos britânicos na Índia, conhecido como o Raj Britânico. Índia e Paquistão foram declarados separados no 15 de agosto de 1947.~~

~~A Partição deslocou aproximadamente 12 milhões de pessoas de seus lares, criando uma crise de refugiados sem precedentes, tanto na Índia quanto no Paquistão. A isso se seguiu uma onda de intensa violência, e aproximadamente dois milhões de pessoas morreram. A violência da Partição assombra o relacionamento da Índia e do Paquistão até hoje, e a desconfiança entre os dois países impera. Os britânicos, por sua vez, acreditam terem feito o melhor para os dois países, pois dividiram o Exército Britânico da Índia, a Marinha Real da Índia, o Serviço Civil Indiano, as ferrovias e o tesouro central entre os dois.~~

O poema que eu escrevo por cima (e sei que é verdade):

Chamávamos o lugar de lar, até que nos disseram que o lar não existia mais. Até que nossos vizinhos deixaram de ser nossos amigos, até que se tornaram os inimigos que queimavam nossas casas, e não tivemos escolha senão fugir — mas para onde? Alguém viu onde o inglês traçou sua linha? Eles deixaram alguém aqui para nos mostrar a saída? Alguém vem nos ajudar? Por favor! Nosso povo está morrendo. O povo deles também está morrendo. Ajude-nos! Ajude-os! Éramos um povo só, e estamos tentando não esquecer isso.

Mesmo quando os homens chegam com facas e tochas, e levam as mulheres embora, e matam as crianças. É assim que acontece o esquecimento, na confusão da agonia. Fazemos com eles o que eles fazem conosco. Olho por olho: pegue o que eles amam, queime-os do jeito que eles nos queimaram até que todo mundo queime. A ira é um incêndio. Ela cruza uma linha imaginária e ensina que todos devemos odiar uns aos outros. As fronteiras nascem da carnificina; não os deixe mentir e dizer que as fronteiras sempre estiveram lá. Não deixe que eles te enganem e te façam pensar que nós éramos apenas números. Não pessoas. Nós também vivíamos, como você — mergulhados em lembrança, e família, e amor, e esperança, e sonhos — antes que nossas vidas fossem arrancadas de nossas mãos por pessoas que um dia já chamamos de amigos, pessoas que amávamos. Ainda se chama liberdade quando você destrói um país de forma tão brutal que milhões de inocentes morrem? Um pássaro dourado ainda pode voar se você o rasga ao meio? Caxemira. Punjab. Bengala. Gujarat. Sindh. Índia. Paquistão. Bangladesh. Quantos irmãos e irmãs perdemos no caminho? Este poema poderia ter sido escrito por um muçulmano, um hindu ou um sikh. Isso não importa. Todos nós sofremos. Todos nós perdemos pessoas, e casas, e segurança, e a nós mesmos no caminho. Alguém já disse aos colonizadores que milhões de famílias felizes valem mais do que bilhões de navios e trens?

Quando olhar para um mapa, lembre-se disso. Fronteiras não são feitas de tinta, mas dos escombros de famílias que já foram felizes e uma tristeza tão pesada que não temos vocabulário para contê-la em nossa boca. Mas nosso povo não foi feito para ser oprimido pelos destroços que vocês deixaram para nós. Nosso povo foi feito para se reconstruir do zero e voar pelos céus que vocês nos roubaram.

A visita da Nani

Não é que eu esteja triste em vê-la,
mas ver Nani em Déli é como
assistir a um martim-pescador que deveria estar
em um rio andando em uma estrada.

É como se minha mente tivesse decidido
que, como ela mora na Casa do Paraíso,
esse é o único lugar onde ela existe
em sua forma mais verdadeira.

Eu esqueço isso quando sinto
o calor de seu abraço.
O cheiro de mel e de açafrão
em seus dedos quando ela segura meu rosto.

E é então que percebo
que tenho tanta sorte
que o próprio Paraíso veio
até Déli para me ver.

Nani viajou
até aqui só para
celebrar o Dussehra
e o Diwali conosco.

"Alguém já te contou a história de Dussehra e Diwali?"

Estávamos na mesa de jantar,
Nani, mamãe, Damini e eu,
Sob a luz do sol de setembro
que entrava pela grande janela.

Mamãe está fazendo ladoos de chocolate
e enrolando-os em nozes picadas,
enquanto nós preparamos caixas de presente vermelhas e amarelas
cheias de barfi de amêndoas e samosas doces.

Damini bate palmas, animada.
"Ram Sita ki kahani!"
E eu sorrio para ela.
"Conta pra gente, por favor, Nani!"

Eu já ouvi essa história antes
mas adoro o jeito que Nani a conta.
Mamãe sorri enquanto trabalha
e Nani toma um gole de chá

e diz as palavras mais perfeitas,
para esta tarde de domingo
cheia de arte e emoção.

"Era uma vez..."

Uma princesa

Seu nome era Sita. Dizem que no instante em que ela chegava a um lugar, a calma de uma brisa fresca seguia seus passos. Reza a lenda que sua mãe era, na verdade, a deusa da terra, Bhumi, e que seus pais da realeza, o rei Janak e sua esposa Sunaina, tinham encontrado a menina em uma caixa no meio dos campos.

Ela cresceu com sua irmã caçula, Urmila, e as duas meninas cresceram se importando profundamente com as outras pessoas. Elas passavam o tempo usando ervas de seu próprio jardim para fazer unguentos e remédios para curar os fracos e doentes de seu reino. Por um tempo, tudo foi perfeito.

E talvez tudo tivesse continuado assim se o destino não tivesse interferido. O destino chegou na forma de um arco dourado encrustado de rubis, que pertencia ao próprio senhor Shiva. A vida de Sita foi determinada naquele segundo. O rei Janak deveria fazer uma cerimônia swayamvar para Sita, e todos os príncipes e reis de toda a terra foram convocados para tentar ganhar sua mão.

Sita, filha obediente que era, fez o que mandaram.

O desafio era simples. Levantar e colocar a corda no arco do senhor Shiva. Todos que tentaram, no entanto, falharam. O arco era tão pesado que ninguém conseguia levantá-lo, quanto mais armá-lo. Parecia que nenhum príncipe ou rei jamais seria capaz de amarrar o arco. Secretamente, Sita gostou disso. Ela queria viver uma vida feliz com seu pai, mãe e irmã, e continuar sendo curandeira.

O dia estava quase no fim quando um príncipe surgiu andando calmamente por entre os membros da realeza. Sua luz brilhou através do palácio, mais ofuscante que o próprio sol, um sorriso sereno no rosto. Ao passo que os outros reis desconfiavam uns dos outros, na presença desse príncipe tudo parecia se acalmar.

Ele levou menos de um minuto para levantar e armar o arco. Depois ele continuou a puxar, até que, com um poderoso e estrondoso estalo, o arco se partiu em pedaços.

Sita se aproximou. Há um velho ditado que diz que, quando você conhece sua alma gêmea, seu coração não vai palpitar. Seu corpo não vai se aquecer. Em vez disso, você vai sentir como se de repente entendesse tudo, e a calma de mil luas vai crescer entre vocês. Foi assim que ela se sentiu quando ela o viu.

Ele estendeu a mão para ela, e é assim que o príncipe Rama, herdeiro do reinado de Ayodhya, se tornou o escolhido para se casar com Sita.

Muitas vezes a má sorte segue aqueles que escolhem o caminho mais nobre, mais honrado, na vida. Assim é a história do príncipe Rama. Seu pai, o rei Dasharatha, tinha três esposas. Kaushalya, mãe de Rama, Kaikeyi, mãe de Bharata e, por fim, Sumitra, mãe dos gêmeos Lakshmana e Shatrughna. A Ayodhya, também, os quatro jovens príncipes, que se amavam muito, tinham trazido muita paz.

Infelizmente, o destino não quis que fosse assim. Kaikeyi, a rainha favorita do rei, estava triste porque Rama seria rei, e não seu filho Bharata. Então ela invocou uma velha bênção que guardou desde quando ela tinha salvado o rei de uma batalha, anos antes. Na véspera da coroação de Rama, ela exigiu que, em nome da promessa que ele havia feito, o rei Dasharata desse o trono para seu filho e enviasse Rama para longe, para um exílio na floresta que durou catorze anos.

"Mas, Nani, por que Kaikeyi era assim?"

Eu tinha o hábito de interromper
as histórias com perguntas,
e mamãe balançou a cabeça, franzindo o cenho.

Nani interrompeu seu devaneio
e tomou outro cuidadoso gole de chá.
"Acho que era porque

ela tinha medo de perder sua influência.
As pessoas se tornam muito perigosas
quando perdem seu poder.

Ainda mais quando lhes falta empatia e cautela."
Concordei solenemente com a cabeça.
"Conta, Nani, o que aconteceu depois?"

Ela sorriu, e eu percebi que, embora estivesse ao seu lado
por uma hora, o vapor da xícara continuava subindo
como as gavinhas desta história.

Dividir as dificuldades com alguém torna tudo mais fácil

O que aconteceu depois: o Ramayana

Rama aceitou seu destino com tanta elegância que Kaikeyi quase ficou envergonhada. Mas não o suficiente para retirar seu pedido.

Sita, uma boa esposa, também abriu mão de tudo para ir com seu marido para a floresta.

Lakshmana não deixaria que fossem sozinhos e também partiu com eles. A verdade é que o Ramayana não seria o épico que é com Sita e Lakshmana. O vínculo deles era feito de amizade, amor e família.

Mas a realeza dos dois parecia um sonho distante na floresta de mistérios. Na floresta, com os veados e os tigres, também havia Asuras e os outros espíritos escondidos. Mesmo assim, os três construíram uma casa, encontravam e comiam o que podiam, encontravam-se com sábios e aprendiam com sua sabedoria.

A verdade é que dividir as dificuldades com alguém torna tudo mais fácil, e é isso que Rama, Sita e Lakshmana fizeram.

Os anos se passaram. Até que um dia, enquanto lavava as roupas no rio, Sita viu o mais esplêndido veado dourado passar por ela. Algo estranho a acometeu. Era como se sua vida dependesse da captura daquele animal. Isso não era do seu feitio; ela era uma pessoa tão altruísta que ficou incomodada.

Mas não importava o que fizesse, ela não conseguia parar de pensar no veado. Então, quando voltou para a casa, ela falou para Rama que ela precisava tê-lo. E porque Rama amava Sita profundamente e sabia que não era da sua natureza pedir algo, ele concordou em caçá-lo para ela. Horas se passaram, e Lakshmana e Sita começaram a se preocupar. Quase como se a floresta dos segredos os tivesse ouvido, eles escutaram Rama pedir ajuda. Lakshmana relutou em ir, mas Sita o obrigou. "Meu marido, seu irmão precisa de você!"

Ele traçou o que se chama de Lakshmana Rekha em volta da casa e disse a ela: "Irmã, não cruze esta linha, por favor".

Sita concordou, e Lakshmana saiu para procurar seu irmão. Algumas horas depois de ele ter partido, um sábio apareceu à porta. Você sabe tanto quanto eu que devemos receber bem os hóspedes, como se os próprios deuses e deusas tivessem batido à nossa porta. Então Sita fez seu dever. Preparou comida para o sábio, mas, devido à linha, o sábio não poderia se aproximar. Ele disse a Sita: "Se você não me alimentar, uma grande desgraça recairá sobre a sua família".

Sita era uma filha obediente e uma boa esposa, então ela fez o que lhe disseram.

O sábio se transformou em Ravana, o rei de Lanka, dono de uma força demoníaca, e sequestrou Sita, levando-a em sua carruagem voadora. Sita gritou por socorro, lutou contra Ravana por todo o caminho, mas foi em vão. Uma vez lá, Ravana disse a Sita que queria que ela fosse sua esposa. Ela recusou e resistiu, então ele a aprisionou em um jardim no palácio, jardim este rodeado pelos mais altos muros. Todos os dias, ele a visitava para exigir que se casasse com ele, e ela o recusava. Todos os dias, Sita dizia a ele que jamais o faria. Nenhuma ameaça a faria mudar de ideia. Um dia, quando Sita estava sentada sob a sombra de uma árvore, sonhando com sua vida de outrora, Hanuman, o deus-macaco voador, pousou diante dela. Ele lhe disse que Rama estava a caminho de resgatá-la, mas que ele poderia levá-la até ele.

Sita era uma boa esposa. Ela sabia que seu resgate significava que Rama recobraria sua honra. Então ela recusou a oferta de Hanuman, e ele voltou voando para avisar Rama.

Não muito depois, a guerra entre Rama e Ravana começou. Como muitas vezes acontece nas guerras, muitas vidas se perderam de ambos os lados, sem que fosse preciso. Familiares morreram. Ravana perdeu seu filho. Incapaz de suportar tantas perdas, Rama enfim enfrentou Ravana sozinho no campo de batalha, e Ravana assumiu sua forma demoníaca de dez cabeças. Depois de algum tempo, Rama matou Ravana, e essa é a vitória que celebramos como Dussehra, quando queimamos efígies de Ravana para simbolizar a queima do mal. Sita enfim se reencontrou com Rama, mas, infelizmente, esse reencontro ainda carecia de alegria. Rama pediu a ela um Agni Pariksha, um teste de fogo, para que provasse que se mantivera casta durante o ano em que havia vivido na casa de outro homem. O horror de ter de provar algo assim a seu marido, depois de ter sido presa contra sua vontade, devastou Sita. Até Lakshmana ficou chocado com o pedido de seu irmão.

Mas Sita era uma boa esposa e fez o que lhe disseram. Uma fogueira foi acesa e ela adentrou as chamas. Agni, o deus do fogo, tirou-a do fogo porque era casta. E Rama a abraçou e, finalmente, fizeram a longa viagem de volta a Ayodhya, já que o exílio de Rama estava completo. É por isso que, vinte e um dias depois, celebramos o festival das luzes, Diwali, para celebrar o dia em que o príncipe Rama, que se tornará o rei Rama, retorna, e Ayodhya, cheia de felicidade, acendeu cada vela, cada diya para simbolizar o retorno do príncipe Rama, e da luz para seu rei.

Há outra versão do conto, na qual Sita escolhe a si mesma: depois de caminhar através das chamas ela volta para Bhumi, sua mãe, e não ao marido. Mas essa é a história que eles não gostam contar. Afinal, para eles não conta como final feliz quando uma mulher dá um basta a anos de opressão patriarcal com uma simples frase: "Chega".

Mais tarde, depois da história, Nani pergunta

"Você tem muitos amigos aqui?"

Eu engulo em seco,
balanço a cabeça.

"Por quê?"

Não conheço ninguém que seja gentil.
Todo mundo na minha escola é cruel.

"Todo mundo?"

Sim,
todo mundo.

"Você sabe por que quer ter um amigo?"

Por que eu quero ter um amigo?
Como assim?

"Lo, dekho.
Como você vai
fazer amizade com alguém
se não sabe
o que quer?"

Amizade: uma lista

Eu quero uma amizade
tão animada quanto os olhos da melhor amiga
da minha mãe nas fotos de seu casamento.

Uma amizade tão astronômica
que nem as galáxias
se comparam.

Uma amizade
com uma textura tão rara que o cometa Halley
parece um acontecimento banal.

Uma amizade
diante da qual até o sol
parece pouco.

Uma amizade
terna o suficiente para que eu chore,
assim como as estrelas recém-nascidas choram no colo de Lakshmi.

Mas também uma amizade
que seja capaz de resistir
a todos os danos silenciosos desta escola.

É pedir muito?
Talvez, talvez seja.
Se nenhuma dessas coisas funcionar,

eu espero uma amizade
na qual possamos fazer a outra pessoa dar risada
e amar todas as cores que vemos uma na outra,

tanto nos dias
em que somos arco-íris
quanto nos dias em que somos tons de cinza.

A introvertida tenta fazer amizade

Eu poderia dizer:
"Oi, o que você está desenhando?".
(muito intrometida)

Ou poderia dizer:
"Olá, meu nome é Paro".
(muito formal)

Ou poderia dizer:
"Você fez a tarefa de Matemática?".
(muito nerd)

Ou poderia dizer:
"Como vai...".

"Oi." Uma voz me faz pular tão alto
que acabo derrubando a água que estou bebendo
no meu livro de Matemática.

A pessoa ao meu lado grita de tanto rir,
e é tão contagiante que também caio na gargalhada.
"Desculpa. Meu nome é Sam." Ele dá um sorriso com covinhas.
"Você é a Paro, né?"

Eu faço que sim, ainda sacudindo meu livro.
Ele o tira das minhas mãos.
"Espera." Ele me entrega um lenço. "Deixa eu te ajudar."

Sam me manda bilhetes

Sam: Você sabia que as lontras
dormem de mãos dadas
para não se perder umas das outras?

Paro: Não sabia, não.
Você acredita que os animais
sentem tanto amor quanto os seres humanos?

Sam: Acredito. Você sabia que pássaros
são os parentes vivos mais próximos
dos dinossauros?

Paro: Quer dizer então
que posso chamar uma galinha
de Cocorissauro Rex?

Sam: Você é tão engraçada.
Esse deveria ser
o nome oficial.

Paro: Você quer
ir para a biblioteca depois...

A sra. Krishnan
arranca o papel
da minha mão.

"Paro,
para quem você
está escrevendo?"

Eu fico ali, com o coração acelerado.
Trinta e um pares de olhos grudados em mim,
e eu olho para baixo, a boca bem fechada.

"Me diga agora mesmo."
Eu olho para as minhas mãos
enquanto o silêncio absoluto domina a sala.

"Se você não quer me falar,
pode ficar do lado de fora da sala
até o final da aula."

Ela amassa o papel, faz uma bola,
joga em minha direção.
"Dafa ho jao. fora."

E quando eu me levanto,
encarando meus pés,
uma mesa se mexe atrás de mim.

"Senhora, fui eu",
uma voz diz, baixinho,
e eu me viro e vejo Sam se levantando.

"Então você pode ir junto!",
grita a sra. Krishnan,
apontando para a porta.

Mas quando estamos lá fora
e a porta está bem fechada,
nossos olhos se encontram e começamos a rir sem parar.

Minha Nani é mágica

Eu sei disso porque
quando desço no ponto de ônibus
e corro para casa nesse dia
para contar a ela sobre Sam,
ela já está me esperando
na porta, com um bolo de chocolate nas mãos.
Ela escuta com um sorriso cúmplice
enquanto conto tudo sobre o meu dia,
e mais tarde, eu a ouço enquanto ela reza:
"Obrigada, Devi Ma,
pela felicidade que você colocou
no caminho da minha neta".

Visitando a casa do Sam

Quando Sam me convida para ir à casa dele,
eu pergunto, nervosa, se a mamãe pode me levar.
Ela diz que sim e logo pega as chaves do carro.

"Estou tão feliz que você fez um amigo."
"Não é nada de mais", digo a ela,
mas a verdade é que significa muito para mim.

A casa de Sam não era longe da nossa,
e a mamãe ia entrar para conhecer a mãe dele,
principalmente porque eu disse que eles eram da Caxemira.

Paramos em uma casa térrea azul com buganvílias
cor-de-rosa, e uma senhora de sari rosa combinando com
as buganvílias atende a porta e nos cumprimenta com simpatia.

"Oi, menina linda, você deve ser a Paro."
Eu sorrio tanto que meu rosto dói.
"Oi, tia! Essa a minha mamãe!"

A tia convida a mamãe para ficar para tomar chai,
e nos sentamos em uma elegante sala de estar com paredes pinta-
das de creme,
repleta de imensas pinturas a óleo de cenas da vida no campo.

Fotos de família lotam todos os tampos de mesa de porcelana.
Os sofás foram cuidadosamente escolhidos
para combinar com o tom de branco do tapete.

A casa de Sam me lembra a de Shalini, mas muito mais acolhedora.
Sam aparece na escada de madeira, usando calça jeans
e uma camiseta das tartarugas ninja.

Ambos percebemos ao mesmo tempo que
estamos usando exatamente a mesma roupa,
e todos nós caímos na gargalhada.

A mamãe repara no caderno de desenho de Sam.
"Posso ver?" Com um olhar, sua mãe
pede que ele mostre.

"Que legal!", a mamãe diz enquanto olha
os belos esboços de dinossauros e baleias.
"Você vai estudar para ser artista?"

Um incômodo atravessa o rosto de Sam,
mas antes que ele possa responder sua mãe diz:
"Na verdade, Samarth vai fazer faculdade de medicina".

Minha mãe parece impressionada. Fico preocupada
com meu amigo, porque agora seu sorriso parece forçado.
"Sam, me mostra mais desenhos seus?", eu pergunto.

Ele parece aliviado. "Claro! Vem comigo!"
Sua mãe diz: "Deixem a porta do quarto aberta...
Você sabe as regras, Samraj! E sirva um refrigerante para Paro!".

Subimos a escada e passamos pelo primeiro cômodo.
Quando ele abre a porta, eu levo um susto.
As paredes são cobertas de desenhos,

e embora a cama não esteja arrumada
e haja roupas espalhadas pelo chão,
só consigo ver os tiranossauros assustadores,

e as baleias azuis tão meigas,
e as orcas dançantes e seus bebês.
"Ei, Paro!", Sam diz, e eu me viro.

Ele me joga um caderno de desenho
e um lápis que mal consigo pegar,
"Quer desenhar?", ele pergunta.

E foi assim que conheci um dos grandes amores da minha vida:
o desenho, a pintura, a arte.

Quinze

Este é o último ano em que você vai brincar no festival das cores.

Não entre em pânico. Respire. Essa vai ser a lição mais importante que você vai aprender este ano. Você sabe por que brinca no festival das cores. É um festival cheio de alegria para dar boas-vindas à primavera, no qual todos dançam e brincam com mil cores diferentes, pitchkaris, balões de água e risos. Você adora as cores, adora encontrar seus parentes. E você adora a história por trás do festival. A história em que um rei tirano diz que é um deus porque julga ter conquistado a imortalidade, e seu filho se recusa a adorá-lo e só adora os deuses nos quais acredita — e embora seu pai mande sua tia matá-lo, sua fé inabalável em deus e em si mesmo protege o menino. O problema é você ainda não gostar que encostem em você. E só é possível celebrar o festival das cores com contato de pele com pele. De que outra forma alguém espalha cores no rosto de outra pessoa? Você sempre teve medo de dizer não. Mas naquela manhã, quando seus pais estão esperando por você, você diz: "Eu não quero ir". E eles insistem. E seu irmão insiste. Mas você diz não até eles ouvirem. Quando eles saem, você vai para o seu quarto, pega o caderno de desenho que seu irmão lhe deu e começa a desenhar. Nesse momento você vai entender que às vezes as escolhas que faz para se sentir bem vão parecer muito diferentes das escolhas das pessoas que você ama. Que você está mudando. E que isso é bom, porque a evolução é silenciosa e difícil — muitas vezes praticada em silêncio, o mesmo silêncio no qual as estrelas nascem. Este ano você será obrigada a enfrentar mais coisas que gostaria de manter em segredo. Você conhecerá o amor da maneira mais dolorosa. Você é muito sensível e os outros vão te machucar, porque você ainda não aprendeu a endurecer o coração. Conforme você desenha, você vai pensar sobre a forma como seus pais se amam. Sobre quantas vezes brigam e sobre o motivo das brigas (principalmente você e seu irmão). A maneira como seu pai cuida da sua mãe quando ela fica doente.

A maneira como ele trata os pais dela, como se fosse filho deles. E como ela faz o mesmo. Você vai se perguntar se algum dia viverá um amor assim. Mas neste ano você ainda não sabe: ser menina é um ato de sobrevivência. Ser menina é saber desafiar os aspectos que você acha que são sombrios demais para alguém amar.

Essa será a última vez que você vai participar do festival das cores. Mas esse também é o primeiro ano em que você conseguiu se defender. E, mesmo tendo conseguido, e ainda que tenha decepcionado seus pais, o mundo não desabou como você sempre imaginou que aconteceria.

Educação Física

É dia de Educação Física, e eu não gosto de esportes.
Eu sou toda desengonçada e grande
como a grama que cresceu demais perto do campo,
mas a professora de Educação Física não quer desistir de mim.
A sra. Sonam é persistente.
Por ser filha de general,
desistir não faz parte de sua linguagem.
Ela ainda acredita que pode revelar
a atleta que existe em mim.

"Paro, você tem altura para fazer isso!",
ela diz, me empurrando na direção
de tantas coisas assustadoras.
Falho miseravelmente no basquete.
Você já viu uma coisa de um metro e setenta caindo?
No fim das contas até que é engraçado.
Não tenho coordenação nenhuma para jogar futebol.
Mesmo como goleira, eu só consigo
segurar a respiração.

Mas uma boa professora não desiste
quando vê potencial em uma criança.
Então ela me faz correr, pedalar
e nadar até enfim perceber
que eu não faço nada disso direito.
No fim, ela me faz entrar em uma fila
em algum lugar, dizendo:
"Salto à distância. Tente, e se você não conseguir,
prometo que não vou mais insistir".

O que ela quer dizer é
que vai desistir.
E talvez seja a forma
como sua mão segura a prancheta
quando ela diz isso, ou o fato
de eu não conseguir suportar o abandono
de mais um adulto,
mas eu fecho os olhos e corro

    e pulo pelo

        que parecem

          céus

... e saio do outro lado com uma medalha de bronze
e, ainda mais importante pra mim naquele momento,

um olhar de aprovação.

O vestiário feminino

Não vejo mais Mahi no recreio.
Não compartilhamos mais o lanche,
não falamos e sequer nos olhamos nos olhos.

Então quando ela me encurrala na aula de Educação Física
no vestiário, tenho quase certeza
de que ela vai me machucar de alguma forma.

Ela agora anda com as garotas cruéis,
mas ela só me empurra para dentro do vestiário
e fecha a porta.

"Por que você não almoça mais comigo?",
ela pergunta, de braços cruzados,
e eu perco a voz por um minuto.

Depois eu olho nos olhos dela, faço uma careta e digo:
"Não preciso que você tenha pena de mim.
Agora eu tenho um amigo de verdade".

Ela parece surpresa.
Sua franja está cheia de suor
porque ela passou o dia todo correndo.

"Eu não tenho pena de você.
De onde
você tirou essa ideia?"

É o jeito que ela me olha.
Com seu rosto de formato perfeito
e olhos inocentes.

Minhas mãos suam.
Meu coração bate mais rápido.
Ela faz com que eu sinta que estou afogando por dentro.

A verdade é que só a evito
porque
preciso sobreviver.

"Paro", ela diz, se aproximando de mim;
sinto o cheiro dela muito forte.
Ela sempre cheira a morango,

até nos invernos mais invernais.
Ela tem cheiro de verão e chuva.
"Me diz", ela pergunta de novo, perto demais, perto demais.

Parece que meus pulmões estão se enchendo de água.
"Porque você acha que eu tenho pena de você?"
Eu sinto um pouco de tontura.

Estamos tão perto que sinto o calor da pele dela,
— e nesse momento ela se aproxima.
Sua mão encosta no meu braço e

eu grito como se um raio
tivesse me atingido.
Eu a empurro.

E corro.

Acontece que

Em mim há uma semente secreta que me recuso a regar.
Senti que ela estava crescendo quando eu tinha 10 anos
e uma atriz dançava com um herói cujo nome esqueci.
Ela fez minha cabeça girar como um carrossel.
Seu jeito de mexer o quadril me levou ao céu.
Pensei no que tinha visto no casamento da minha prima.
Pensei em como ninguém mais fala dela.
Toda vez que penso nisso, o medo me ensina
a esconder ainda mais esses sentimentos.
Mesmo assim. A curiosidade me dá vontade de saber.
Quando pesquisei "garotas que gostam de garotas"
no computador da sala
de casa, não encontrei nada
além de mulheres nuas no auge da paixão.
Meu rosto ficou tão vermelho
que fechei a tela na velocidade da luz.
Passei a semana seguinte pulando todas as vezes
que alguém falava meu nome.
"Paro!" — até meu nome parecia um pecado.
"Paro!" — eu procurava a decepção até no meu nome.
"Paro!" — eu me sentia um ponto de interrogação toda vez que
alguém me chamava pelo meu nome.

Hoje sinto as raízes chegando mais fundo.
Ela disse meu nome desse jeito.
Cheio de ternura, como uma rosa recém-plantada.
E se alguém nos visse?
Sentiriam o cheiro do desejo em mim?
O que diriam se sentissem?
O que todo mundo ia pensar?

Em mim há uma semente secreta que me recuso a regar.
E mesmo assim... ela cresce.

A mensagem

No meu aniversário de 15 anos,
meus pais me deram um celular.
A mamãe disse: "Caso você se perca ou se machuque,
seria bom ter o aparelho por perto".

Me parece mais um dispositivo de rastreamento.
Então na maior parte do tempo eu quase não mexo no celular.
De qualquer forma, só tem quatro números nele.
Mamãe, papai, Nani, Sam.

Até hoje, eu nunca tinha precisado dele de verdade.
Hoje estou em casa assistindo a um filme
com Damini e nós duas rimos como
se estivéssemos conspirando na comédia de Govinda.

O telefone vibra. E eu o pego,
pensando que é minha mãe.
Em vez disso, vejo uma mensagem de texto
de um número desconhecido.

"Oi, Paro, peguei seu número com o Sam.
Só queria pedir desculpa se alguma vez
te magoei sem querer. Eu queria que nós
fôssemos amigas. Podemos ser amigas? Mahi."

Eu engulo em seco e penso
que não posso me esquecer de matar o Sam.
Mil coisas
passam pela minha cabeça.

Respondo a ela
no fim da tarde:
"Oi, Mahi. Claro que podemos ser amigas.
Paro".

"Do que você está rindo?", minha mãe pergunta enquanto veste Indra para a aula

Indra acordou inspirado.
Suas piadas bobas lhe renderam
o apelido "Hanuman",
em homenagem ao deus-macaco.

Ele não está colaborando.
Eu rio enquanto ele corre em volta das minhas pernas,
ainda de colete. Ele tem 9 anos,
mas se comporta como se fosse mais novo,

em parte porque eu o estimulo
a ser assim,
em parte porque a mamãe
também não quer que ele cresça.

Eu guardo o telefone
no bolso da saia
e sorrio para ela.
"Nada."

A mamãe me olha
levantando uma sobrancelha,
e por um instante
penso que ela vai pedir para ver o celular.

Mas bem nessa hora,
há um barulho alto na cozinha
e Damini grita "baba!"
enquanto Indra dá risada

e, como um redemoinho, minha mãe vai embora.

Agora nós trocamos mensagens todos os dias

Mahi: oi. ainda tá acordada?

Paro: tô, estava indo deitar

Mahi: você vai na aula amanhã?

Paro: :/ e por acaso eu falto?

Mahi: é verdade, você é a maior nerd

Paro: sou nada! é você que vive falando "sra krishnan, você é tão inteligente, ai, sra agnihotri, me deixa buscar chá pra você!"

Mahi: >.< eu não falo desse jeito, assim você me faz parecer uma puxa-saco

Paro: mas você é mesmo

Mahi: não sou

Paro: poxa, mensagens de duas palavras, ficou brava comigo?

Mahi: talvez

Paro: você não é puxa-saco. mas fica muito fofa quando tá emburrada

Mahi: não é justo! hahaha! tô brava com você, para de flertar comigo. :P

Paro: ;)

Mahi: posso te perguntar uma coisa?

Paro: sim. sempre

Mahi: promete que não vai se incomodar?

Paro: agora você está me deixando nervosa, haha

Mahi: por que você sempre parece tão incomodada na aula de Biologia?

Paro: ... é uma longa história

Mahi: quer me falar sobre isso amanhã no dilli haat?

Paro: o quê ... mahi, você está dizendo pra gente matar aula?

Mahi: vai, você nunca fez isso? vamos. vamos matar a aula de Biologia e ir ao dilli haat. prometo que vai ser legal.

Paro: haha, tá. vamos. mas você vai ter que me ensinar.

Mahi: ensinar o quê?

Paro: a matar aula.

Mahi: rsrsrs, viu? a maior nerd.

Paro: cala a boca, haha. te vejo amanhã!

Mahi: boa noite :*

Paro: boa noite :* :*

excluir todas as mensagens?
excluído

O problema é que a aula de Biologia me lembra da vergonha

Ela me mostra que há carne e polpa em tudo.
Partículas de poeira são pele morta, frutas também têm carne.

E a maçã que como depois da aula nesse dia
diz que não sou muito melhor que uma fruta.

Eu sou maçã, cereja, pêssego
e damasco.

Mas isso significa que sou as sementes da maçã,
os caroços de cereja, pêssego e damasco.

Você sabe o que algumas
religiões dizem

sobre maçãs e mulheres.
Nossa relação é complicada.

Ainda estou tentando entender o que ele fez.
O homem das mãos brutas.

Ele viu minha carne
e pensou que eu era como as frutas que ele vendia.

Algo que ele podia levar.
Algo que ele podia morder.

A aula de Biologia mostra que ele tinha razão,
mas também mostra

que as maçãs escondem cianeto nas sementes,
por trás do mais inocente dos disfarces.

Se você moesse meus ossos,
talvez também encontrasse veneno.

No tuk-tuk

Continuo sem fôlego.
A risada melodiosa de Mahi
se mistura ao pandemônio do trânsito de Déli.

Conseguimos matar aula com atestados médicos
falsos que Mahi fez, e uma vez fora da escola
foi Mahi quem conseguiu chamar o tuk-tuk.

"Não acredito que você nunca fez isso!",
ela diz, rindo da minha expressão de pânico, mas seus dedos
abraçam minha mão fechada para me acalmar.

"Mahi, e se pegarem a gente no flagra?",
eu grito mais alto que o barulho do tuk-tuk.
"Não vão", ela responde, tranquila.

"Olha! É a Porta da Índia!"
Sigo seu olhar na direção do granito vermelho-claro
do memorial em homenagem aos soldados da Primeira Guerra
Mundial,

coberto com nomes de pessoas
que outras pessoas amavam, e me pergunto
quantas vezes falamos dos que já morreram.

Estou quase dizendo isso para Mahi
quando percebo que o motorista do tuk-tuk,
um homem de olhos simpáticos e risada contagiante,

tem apenas duas fotos em seu veículo.
Uma de uma menininha meiga com tranças e uniforme escolar.
E, bem ao lado dela, outra da deusa Lakshmi.

Acho bonito como em certos momentos,
quando para em um semáforo,
ele olha com tanto amor para a foto da filha.

Imagino que quando os dias são mais difíceis que a média,
ele olha aquela foto e pensa
"Isso é por você. Tudo isso é por você".

E ela dá força
para que ele enfrente
cada um de seus dias.

"Você está tão quieta", comenta Mahi.
"Só estou pensando", respondo.
"Sobre o seu próximo poema?" Seu tom é de provocação.

Fico vermelha feito um pimentão, meu coração acelera.
"Como você sabia?"
Pensei que escondia bem minha poesia.

Seus olhos dançam e ela leva um dedo aos lábios.
"É segredo." Bato no ombro dela com o meu,
e nós duas rimos.

Por fim, ela diz: "Se você deixar, eu adoraria ler sua poesia".

Dilli Haat

É a única feira à qual fui
desde que tinha 7 anos, e talvez seja porque
é uma feira cheia de artistas e artesãos.

Phirans da Caxemira, pinturas de Madhubani,
xales de Nagalândia e belas esculturas em madeira
me fazem sentir segura, mas, ainda assim,

seguro a mão de Mahi à medida que passamos
pelas pessoas aglomeradas, parando primeiro
em uma loja de joias feitas à mão.

Tudo é feito de prata esterlina,
e Mahi experimenta um anel de dedão
e as folhas prateadas se enrolam delicadamente em seu polegar.

Fica lindo em contraste com sua pele escura,
mas quando descobrimos o preço, ela devolve
o anel ao lugar e vamos andar um pouco mais.

Eu espero que ela vá ao banheiro
e, com meu coração chegando à boca,
decido enfrentar meu medo e criar coragem.

Volto sozinho à loja
e uso todo o dinheiro de troco que guardei
nos últimos seis meses para comprar o anel para ela.

Quando Mahi me encontra, estou trêmula,
mais por estar sozinha na multidão
do que por minha compra por impulso.

Mas quando coloco, com cuidado, o anel na mão dela,
seus olhos brilhantes e seus gritos de alegria
fazem tudo valer a pena.

Momos e Shalini

Estamos dividindo momos vegetarianos na feira,
sentadas em uma mesa de madeira frágil quando enfim pergunto:
"Mahi, por que você anda com Shalini e Priya?
As duas são tão cruéis, e você não é".

Mahi inclina a cabeça e olha para mim,
lambendo o molho de pimenta do polegar
em que está usando o anel: "A Priya é estranha,
mas, Paro, eu acho que você não entende a Shalini".

Reviro os olhos. "Ela faz bullying comigo há anos, Mahi.
Qual é o problema dela? A mãe dela é ótima,
ela tem tudo do bom e do melhor e sempre
tira as melhores notas em todas as matérias."

Mahi levanta uma sobrancelha. "Paro,
por que você acha que ela vai tão bem na escola?"
Eu dou de ombros. "Ela quer entrar em uma boa universidade?"
Mahi balança a cabeça e diz:

"O que você não sabe sobre a Shalini é o seguinte:
ela é uma pessoa muito solitária. A mãe dela nunca fica em casa,
o pai trabalha o tempo todo e ela não tem avós.
Ela tira dez em tudo só para chamar a atenção dos pais.

Mas nunca consegue".

Saber disso me deixa chocada.
Tia Sunita parece tão legal,
mas, pensando agora, percebo que nunca
a vi abraçar Shalini, nem sorrir para a filha,

nem uma vez nas centenas de domingos
que passamos uma na casa da outra.

O desenho

Mahi ainda está com fome, então ela compra
batatas picantes com mais molho de pimenta,
e enquanto ela come e fala, e eu ouço,
pego meu caderno de desenho para desenhá-la, do nada.

A pele dela brilhando sob o sol,
destacando suas maçãs do rosto perfeitas,
o cabelo revolto se soltando do rabo de cavalo,
uma risada de canto de olho e...

"O que você está desenhando?"

"Nada!" Fecho o caderno
e apoio o cotovelo nele.
"Me mostra!" Ela ri e tira o caderno
de debaixo do meu braço.

Vejo a alegria morrer em seus olhos,
mas seus lábios dizem: "Que lindo, Paro".
Noto a tristeza que há em sua boca curvada para baixo.
"Fiz algo de errado?"

"Não, não é você. Achei bonito.
Mas é que isso me lembra uma coisa."
A preocupação aperta meu coração.
"Me diz o que é, que eu conserto."

Mahi me encara. "É justamente isso, Paro. Você não pode consertar."
Fico confusa e isso deve transparecer no meu rosto, porque ela diz:
"Sua mãe já deixou cremes clareadores
na sua penteadeira? Suas tias mais velhas
já comentaram em voz alta sobre a sua pele escura,
dizendo que vai ser difícil você arranjar um marido?
Você nunca viu os anúncios de cremes clareadores
que mostram que, quando a menina de pele escura

fica mais clara, as pessoas enfim dizem que ela é bonita?

Suas atrizes e atores preferidos
já apareceram em um comercial
que faz você achar que não é bonita
por causa da sua pele escura?".

Fico atordoada. Ela está certa.
Eu nunca passei por nada disso
e digo a primeira coisa que me vem à cabeça:
"Mahi, você é linda, apesar de tudo isso".

Ela me encara e diz
com verdade e orgulho em cada palavra.
"Foda-se o seu 'apesar', Paro.
Eu quero ser amada por causa da minha pele.

As deusas têm a pele igual à minha.
Eu sou a terra e o céu noturno.
Por que não podem considerar essa pele bonita?
Para mim ela é. E deveria ser para você."

Eu olho para o desenho
e olho de novo para ela,
"Mas, Mahi, você é linda como você é.
E sempre será para mim".

Ela aponta para o desenho,
me olhando bem nos olhos.
"Se você acredita nisso, Paro,
por que você me desenhou com a pele tão clara?"

Voltando para casa

Quase não falamos no caminho de volta.
Mahi está pensativa e, embora eu tenha corrigido o desenho,
não quer conversar, e eu entendo.

Quando chegamos à escola, vamos para casa em veículos diferentes.
Eu faço questão de só caminhar para casa
Deixando o ponto de ônibus quando o ônibus escolar sai.

Estou tentando pensar em formas de me retratar
com Mahi quando a mamãe abre a porta em pânico.
"Que bom que você voltou, Paro.

Vai ficar com a Damini."
E ela pega as chaves do carro e sai.
Ouço um soluço baixinho na cozinha

e, quando vou até lá, vejo Damini sentada no chão,
abraçando os joelhos, chorando sem parar.
"Didi! Kya hua?!" Sento no chão ao lado dela

e a abraço enquanto ela chora.
Damini me diz que seu pai estava batendo em sua mãe,
e que quando ela tentou intervir, ele bateu nela com tanta força

que ela caiu na parede e machucou a cabeça.
Reparo no curativo quando ela diz isso
e na mesma hora me levanto e pego um copo d'água para ela.

Ficamos ali, e ela grita: "E se ele matar a minha mãe?".
Eu tento acalmá-la: "Minha mãe não vai deixar isso acontecer".
E rezo para estar certa.

Ficamos assim pelo que parecem horas,
e então a mamãe entra na cozinha.
Atrás dela está uma mulher pequena de sari amarelo.

A boca dela está inchada e seu braço, engessado.
Mas ela não parece triste e abre um sorriso
quando vê sua filha.

"Mãe!" Damini corre e a abraça tão forte
que escuto a mãe dela soltar um gritinho.
A mamãe me diz, baixinho:

"De agora em diante, Damini e a mãe dela
vão morar aqui com a gente,
a mãe de Damini e eu

vamos montar um negócio de bordados
juntas, até que ela possa tocá-lo sozinha.
E Damini vai começar a ir à escola".

Eu aprendi nesse dia
que alguém pode usar o privilégio que tem
para ajudar as outras pessoas a vencerem também.

Depois, no meu quarto, escrevo um poema para Mahi

Você sabia que Safo
também escreveu todos os seus poemas para meninas?
Seus poemas eram perfeitos
como maçãs, flores de jacinto, botõezinhos roxos,
e eu sei que ela estava falando de você.

Você, uma Devi de olhos selvagens,
que anda entre nós, mortais,
pensando que sua beleza passou despercebida.
Mas é difícil esconder um esplendor como o seu,
porque ele é um presente da divindade.

Deixe-me adorar em seu altar.
Deixe-me mostrar o que vejo,
doce deusa.
Você não precisa se tornar uma de nós.
Deixe-me mostrar o que você nasceu para ser.

Eu ainda não sei
amar as pessoas do jeito certo.
Mas sei que posso te amar
do jeito que você merece
se você deixar.

Histórico de pesquisa

Pesquisar: uma menina pode amar outra menina
Pesquisar: existe um nome quando meninas gostam de meninas
Pesquisar: como saber se você é lésbica
Pesquisar: e se você gosta de meninos e meninas
Pesquisar: a que grupo você pertence se gosta de meninos e meninas
Pesquisar: meninas bissexuais
Pesquisar: meninas bissexuais, sem ser pornografia
Pesquisar: como bloquear pornografia ao fazer uma pesquisa
Pesquisar: o que quer dizer dois ou mais gêneros
Pesquisar: quantos gêneros existem
Pesquisar: informações sobre lésbicas e gays
Pesquisar: comunidade lgbt Déli
Pesquisar: comunidade lgbt Índia
Pesquisar: o que é a seção 377 do código penal indiano
Pesquisar: posso ser presa por ser bissexual
Pesquisar: por que as pessoas tratam mal as pessoas lgbt
Pesquisar: crise da aids na comunidade lgbt
Pesquisar: quantas pessoas lgbt morreram de aids até agora
Pesquisar: meus pais vão continuar me amando se eu for bissexual
Pesquisar: é mais seguro manter minha sexualidade em segredo se eu for lgbt
Pesquisar: crimes de ódio contra lgbt
Pesquisar: crimes de ódio contra bissexuais
Pesquisar: por que mulheres bissexuais correm mais risco de ser estupradas
Pesquisar: a gente nasce gay?
Pesquisar: se eu amar um homem, isso vai me tornar hetero
Pesquisar: como se aceitar se você for bissexual
Pesquisar: ser bissexual é ruim?
Pesquisar: o abuso sexual pode tornar uma pessoa bissexual/gay/lésbica
Pesquisar: uma pessoa ainda pode se amar se for gay
Pesquisar: o que fazer se minha família me expulsar de casa
Pesquisar: como sair do armário sem magoar as pessoas que amo
Pesquisar: todos os deuses e deusas são heterossexuais?
Pesquisar: deusas e deuses lgbt hindus

Eu esperava

É que eu tinha me acostumado.

Quando sentia aquela dor no peito,
quando sentia que eu era pura preocupação e nervosismo,
quando sentia que estava me afogando,

elas sempre vinham me visitar.

Então eu esperava o sol se pôr,
e a noite transformar a cidade
em um festival de luzes e sombras.

Eu esperava,
e esperava,
e esperava

até o sol
acordar o céu com um beijo.
Mas a deusa nunca vinha.

No dia seguinte

Estou na aula de Inglês vendo o mar avançar na minha direção na forma de uma garota cuja pele brilha como ônix, olhos feito pérolas cintilantes. Ninguém me ensina que essa também é a sensação de afundar. Que a água passaria da minha cabeça e eu deixaria, porque era ela. Não consigo ouvir a professora por causa do barulho das ondas dentro minha cabeça enquanto ela se senta ao meu lado e coloca a mão direita perto da minha para que elas se toquem de uma maneira que ninguém mais pode ver. Mas esses sentimentos são grandes demais para um corpo de 15 anos. Esses sentimentos "não são indianos". Agora eu sei disso. Esses sentimentos "não são normais", segundo a internet. Mas, meu Deus, quanto mais eu sinto a pele dela na minha, mais eu penso: "Ninguém me disse que o amor poderia ser o deus da vida e da morte. Que as meninas que amam meninas não só se afogam, também flutuam".

Passando bilhetes de novo

Sam: Por onde você anda? Não te vejo há dias.

Eu penso: *Eu tenho te evitado para não te obrigar a ver o caos em que me transformei. Acho que talvez eu seja bissexual. Não sei como te dizer isso. Estou com medo de perder você. Só tenho duas opções: ou me torno uma amiga ruim para você ou corro o risco de você ser um péssimo amigo para mim. Então escolhi ser egoísta e fazer isso.*

E escrevo: Estudando para as provas. Desculpe.

A sala de arte

Na aula de Inglês,
eu enfim consegui.
Passei um bilhete para Mahi que diz assim:

"Me encontra na escada cinza na aula de Educação Física".

Quero entregar o poema para ela,
em um lugar calmo onde ninguém possa nos ver,
porque poemas, eu decidi, são uma coisa muito íntima.

Meu coração bate forte quando ela desdobra o papel,
e solto um grande suspiro de alívio
quando a vejo sorrir de leve e acenar com a cabeça.

Então matamos a aula de Educação Física.
Digo à sra. Sonam
que estou com dor de cabeça.

Mahi diz
que está com uma crise
de asma.

Somos cuidadosas.
Subimos a escada de ladrilhos cinza
para ir à sala de aula de Arte.

A sala está serena, silenciosa
Nenhuma das
luzes fluorescentes feias está acesa.

Estou nervosa,
evitando seu olhar,
e assim que penso em algo para dizer,

ela pega minha mão suada
e me vira tão rápido
que mal consigo respirar,

e então sua boca encosta na minha.
Sua boca encosta na minha
e meu corpo inteiro se paralisa.

Eu nem sabia o quanto
queria beijá-la
até ela me beijar.

E parece que todas as estrelas
do céu da noite estão entre
seus lábios macios colados nos meus.

Eu agarro sua cintura
e a puxo para perto,
e ela sorri na minha boca.

Suas mãos sobem até eu sentir seus dedos
passando por entre meus cabelos.
Sinto arrepios no corpo todo.

E, quando sua outra mão toca meu rosto,
meu corpo parece um barco
e ela é o oceano ao qual pertenço.

E de repente: pá!
A porta se abre de uma vez
e nos afastamos, em pânico,

mas é tarde demais.

Aquela cara

A cara que você faz
quando bebe um suco de abóbora amargo,
quase vomita e cospe tudo.

A cara que você faz
quando sente o cheiro
de vegetais podres no lixo.

A cara que sua mãe faz
quando vê uma notícia horrível
no jornal.

A cara que seu pai
faz quando lê
sobre política.

É uma reação súbita e visceral
É um asco violento.
É a cara que a sra. Sonam faz

quando olha para nós.

Andando pelo corredor logo depois

"Sala do diretor. Já."

Mahi e eu não nos olhamos.
Como você encara alguém
quando se sente uma ferida que pinga vergonha?

A sensação é de que somos estranhas
à mercê de uma estranha.
Uma estranha que um dia foi nossa professora preferida.

O que acontece em seguida

Nos contos de fadas
o herói sempre vence.
Nos contos de fadas
o príncipe salva a princesa.
Nos contos de fadas
você tem muitos "era uma vez"
e "felizes para sempre".
O príncipe e a princesa
chegam juntos ao fim da história.
Os vilões precisam enfrentar o carma.
Quase todo mundo vai embora
com um sorriso no rosto.

Mas isso não é um conto de fadas.
Não há príncipe neste conto.
A gente até pensou que podia viver sem um.
Acontece que o mundo
não concorda.
Porque nosso mundo
não tem dragões,
nem monstros para matar,
mas tem pessoas. Apenas pessoas.
Pessoas que deveriam se importar conosco,
como professores e pais.
Pessoas que deveriam mostrar compaixão.
Mas não.

E quando Mahi e eu estamos sentadas do lado de fora
da sala do diretor, esperando
a sra. Sonam sair,
eu olho de soslaio para ela.
As lágrimas escorrem por seu rosto.
Suas mãos se agarram ao banco.
Meu coração dói
e eu estendo o braço para acalmá-la,
mas ela dá um tapa na minha mão. Eu me afasto
e um choque quente e branco avança
no meu braço, deixando meu rosto pálido.
Com olhos escuros de furacão,
ela me encara.
Sua boca outrora macia
agora é um rosnado de lobo.
Ela grita:
"Sai de perto de mim!
Você não acha
que já foi longe demais?".

Se o universo fosse justo

Não teríamos sido pegas.
Teríamos saído da sala de arte rindo,
de mãos dadas até chegar à escada,
talvez tivéssemos nos beijado de novo antes de nos separarmos.
Não. Se o universo fosse justo,
teríamos nos beijado
e nunca nos separado.
Teríamos nos encontrado
no banheiro feminino depois da aula,
e trocado mensagens pelo resto do dia.
Não estaríamos sentadas
em um corredor frio e solitário,
em um banco velho e barulhento.
Estaríamos na aula,
rindo do nosso segredo..
E Mahi teria me encarado
como se ainda pudesse se apaixonar por mim.
E não como se eu fosse a pior coisa
que já lhe aconteceu.

Se pedir **desculpas** fosse fácil, as pessoas o fariam com mais frequência

Na cova dos leões

O sr. Sharma chama isso de
"comportamento impróprio".

O que ele quer dizer:
"Indecente e imperdoável".

O que o sr. Sharma me diz:
"Eu esperava mais de vocês".

O que ele quer dizer:
"Ninguém pode agir assim".

O que o sr. Sharma diz à minha mãe:
"Meninas de boa família não fazem isso".

O que ele quer dizer:
"A forma como você criou sua filha
deve estar errada".

O que o sr. Sharma diz ao meu pai:
"Estar perto de mulheres o tempo todo pode causar isso".

O que ele quer dizer:
"No fim das contas, isso é culpa da sua esposa".

O que o sr. Sharma me diz:
"Você deve saber que talvez precisemos chamar a polícia".

O que ele quer dizer:
"De acordo com a seção 377, você poderia ser presa".

O que o sr. Sharma diz no final:
"Paro é uma boa aluna.

Estamos dispostos a tentar novamente
mas é a última chance dela".

O que ele não diz:
"Se fizer algo assim de novo,

ela vai descobrir que aqui não temos compaixão
por pessoas como ela".

No carro, na volta para casa

Eles não falam comigo.
Nem a mamãe, nem o papai.
Eles olham para a estrada à frente
como estátuas no parque.

Indra não desconfia de nada.
Ele tagarela
sobre o dia dele,
e eu respondo,

mas os ombros da minha mãe
se enrijecem cada vez que eu falo.
Eu posso vê-los muito bem
do meu lugar no banco de trás.

Como se ela tivesse algo a dizer,
mas não soubesse que palavras usar.
É isso que as pessoas sentem quando
são abandonadas em um tanque de água gelada?

Os carros passam por nós tão devagar.
O caminho para casa parece demorar anos.

No meu quarto

Continuo esperando que meus pais
venham falar comigo,
me perguntem por que fiz isso,
me digam que lhes causei vergonha,

mas conforme o dia se transforma em noite
do lado de fora da minha janela,
ninguém bate na porta.
Ninguém diz nada.

Para Mahi

Um poema de desculpas de Paro

Se pedir desculpas fosse fácil,
as pessoas o fariam com mais frequência.
Não sei por que estou me desculpando;
talvez esse seja o problema.
Mas não gosto de ver você sofrendo.

Eu não deveria ter te chamado
para a sala de artes.
Eu pensei que fosse seguro.
Esse foi o maior erro que cometi.
Por favor, não me odeie.

Você é tudo para mim.
Só quero que saiba disso.
Você não tem que gostar de mim,
nem aceitar minhas desculpas,
mas precisa saber que eu te amo.

Sonhos

A fome gerou pesadelos.
Em todos eles
Mahi me espancava com seu olhar furioso.
A mamãe me dizia que me odeia.
O papai me dizia que não pode me amar.
Indra desaparecia e eu nunca mais o via.
Nem Sam me ligava.
Damini não me olhava nos olhos.
Se amar é isso,
podem levar esse amor embora.
Eu não quero.
Eu não quero...

Sinto uma mão fria no meu corpo
e acordo com um grito.

O medo e a raiva se misturam

E sobem como bílis até a garganta,
correndo por minhas veias
como gelo incandescente.

"Quem é você?", eu quase berro
para a aparição cintilante de um homem
banhado pelo luar diante de mim.

É um pesadelo,
é um sonho,
só pode ser!

Por que um homem
estaria dentro do meu quarto
no meio da noite?

"O que você quer comigo?"
Cruzo os braços e puxo minhas pernas para perto,
encosto o rosto nos joelhos.

A figura abre a boca
e diz com uma voz banhada em jasmim:
"Meu nome é Shikhandi".

Shikhandi

Eu conheço esse nome do Mahabharata,
a versão que encontrei na biblioteca.

Ele é o irmão mortal de Draupadi,
nem deus nem deusa.

Declarado mulher no nascimento,
mas sempre homem,

e um dos maiores guerreiros
que já existiram em nossos épicos.

Ainda que agora saiba quem ele é,
continuo trêmula

e minhas palavras saem aceleradas de emoção.
"Eu sei quem você é. E já conheço sua história."

Shikhandi não se move. O luar reflete
sua pele da cor da noite, um sorriso gentil nos lábios.

"Que bom. Porque essa não é a história
que vim contar."

Nesse momento minha raiva diminui um pouco.
"Por que não?"

"Não aparecemos quando somos chamados, menina.
E nem sempre você tem um espelho para refletir sua dor.

Aparecemos para lhe transmitir ensinamentos.
Às vezes difíceis, às vezes injustos, mas sempre necessários.

E eu sou um pouco mais humano do que divino.
É por isso que me enviaram desta vez."

Abro a boca para falar, mas em seguida fecho-a novamente.
Eu me lembro do que Nani me disse:

"Ouvir é um superpoder.
Muitos não o têm, mas aqueles que sabem ouvir

seguem a vida com mais tranquilidade
do que aqueles que amam o som da própria voz".

Ele sorri, lendo minha mente, e diz:
"É uma mulher sábia, sua Nani. Eis as histórias".

A quinta história

O amor e a oração têm muito em comum. De muitas, muitas maneiras, ambos são feitos de magia. Quando seu amor e sua oração são puros e sinceros, o universo não tem escolha a não ser ouvir você. Há quem diga que você só deve amar as pessoas que escolherem para você. Lembre-se destes contos e saiba que eles estão errados.

1.

Senhor Vishnu, aquele que preserva o universo, usou avatares masculinos e reencarnou nesta terra com frequência. Nós o vimos reencarnar como Rama e Krishna, caminhar pela Terra entre humanos e espíritos e levar a justiça aonde fossem.

Mas quase não se fala que o senhor Vishnu não estava restrito à sua forma masculina. Ele tinha uma forma feminina, seu nome era Mohini. Foi Mohini quem encantou tanto homens quanto deuses enquanto caminhava entre eles. Uma vez, Shiva a chamou para ajudá-lo a banir Bhasmasura, o demônio das cinzas, por meio de sua dança hipnótica. Uma vez, ela se apaixonou por Shiva e eles tiveram um filho, o grande professor Maha Shastha.

Se um deus pode abraçar formas tão diferentes, quem são os mortais para dizer que outros mortais não podem fazer o mesmo?

2.

Agni, o deus do fogo, era intenso e belo. Foi ele quem tirou Sita das chamas, quando Rama a obrigou a testar sua castidade — ele foi o teste final de pureza, o fogo também é conhecido por limpar tudo que toca. Ele também acreditava em amar quem ele queria do jeito que ele queria.

Ele era casado com a deusa Svaha e a amava infinitamente. Mas um dia, ao caminhar pela floresta, como o fogo selvagem de um Deus que ele era, ele olhou para o céu e se apaixonou pela lua cheia. Erguendo os braços em direção ao céu, ele implorou à lua que viesse a ele, implorou à lua para amá-lo de volta.

Em poucos instantes, a lua se tornou um belo deus, com cabelos prateados e brilhantes, um sorriso sereno e braços abertos, e eles se abraçaram. E Soma e Agni estão juntos desde então.

Se dois deuses podem amar um ao outro sem objeção do divino ou do universo, quem são os mortais para dizer a outros mortais quem eles podem amar ou não?

3.

Era uma vez uma princesa chamada Ratnavali. Sua companheira mais próxima era filha do conselheiro do pai do rei dela, Brahmani. As duas se amavam tanto que não podiam suportar a ideia de se separar. Então seus pais arranjaram o casamento delas na mesma casa, a do rei Brihadbala.

É aqui que o destino intervém. Em algum lugar do reino, um jovem que precisa de um ritual de purificação aparece implorando pelas bênçãos de Ratnavali. Quando ele olha para ela, ela o olha como uma mãe olha para um filho, e com a pureza de seu coração o cura.

Brihadbala se recusa a permitir que Ratnavali entre em sua família por meio do casamento, pois ela, aos seus olhos, já é mãe. Então Ratnavali e Brahmani fogem para a floresta e vivem juntas, felizes para sempre.

Se duas mulheres lendárias podem encontrar o amor e a felicidade eterna juntas, quem são os mortais para negar isso a outros mortais?

Depois da quinta história

Paro: Eu gostaria de não ser diferente.

Shikhandi: Existem coisas para se desejar. Essa não é uma delas.

Paro: Por quê? Eu sinto que magoei todas as pessoas que amo porque sou diferente.

Shikhandi: Não. Você não magoou. Por isso eu lhe contei essas histórias. Esse fardo nunca coube a você. Pertence àqueles que se magoam ao saber que você é mais do que eles veem. Você não pode magoar as pessoas sendo quem você é, porque isso não as prejudica de maneira alguma.

Paro: Como faço para consertar isso?

Shikhandi: Não há absolutamente nada para consertar. Não há nada quebrado em você.

Paro: Sinto que sou vergonha e tristeza e nada mais.

Shikhandi: Mas você é muito mais. Seja paciente, menina. Na hora certa, todos virão até você. Você só precisa aprender a aceitar o amor que lhe é oferecido.

Paro: Estou com medo.

Shikhandi: Todos nós estamos. Se não precisássemos aprender a dominar nossos medos, como cresceríamos?

No dia seguinte

Estou tremendo quando entro na sala de aula.
As histórias de Shikhandi ressoam na minha cabeça.
Ainda estou tentando entendê-las,
mas meu cérebro está cheio de lágrimas.

A mamãe não olhou para mim hoje de manhã.
Nem vi o papai
quando fui para o ponto de ônibus.
Pelo menos Indra me abraçou com força.

Meu irmão sempre soube
reconhecer a tristeza e substituí-la
com felicidade antes mesmo
de as pessoas perceberem.

Ainda assim, meu coração bate dolorido,
e meu corpo fica parecendo uma árvore
que aos poucos é atingida por um machado.
Cada batida me torna mais fraca,

e a porta da sala parece
um triturador de madeira que quer acabar comigo.
Respiro fundo e endireito os ombros,
abro a porta e

                dou de cara com Mahi.

Apesar de tudo, vê-la me faz sorrir

Reviro minha bolsa bem rápido
e entrego o poema a ela.

"Fiz isso pra você!"
As palavras saem correndo da minha boca.

"Você disse que queria
ler minha poesia. Fiz isso para dizer..."

Eu noto, tarde demais,
que ela não está sozinha.

Priya pega a carta

E a entrega para Shalini,
que solta uma risadinha maliciosa
e segura o envelope longe de mim
enquanto tento pegá-lo de volta desesperadamente.

Sinto que todo mundo nos observa,
outros alunos que querem a confusão.
Eu me viro para Shalini, toda fúria e boca ferina,
e digo entredentes:

"Devolve isso agora!".

Shalini me ignora e abre a carta,
e cada farfalhar do papel me faz cerrar os punhos.
E, com uma voz alta, estridente, bem-humorada
ela lê meu pedido de desculpas.

Cada sílaba desperta risadinhas
nas pessoas ao nosso redor
e me faz ranger os dentes.
Eu nem consigo olhar para Mahi.

Em vez disso, fecho os olhos com força
até que as últimas palavras saiam da boca de Shalini.
"Eu te amo": elas parecem tão maldosas em seu tom zombeteiro,
esvaziadas de sua intenção, inchadas de veneno.

Sabe aquele pesadelo, em que você está nua
e toda a sala aponta para você e dá risada?
É assim que me sinto nesse momento, com seus gritos e vaias,
meu corpo inteiro se enrijece à medida que os insultos revelam
      meu segredo.

E, com sua voz maldosa, Shalini diz:
"Então, Mahi, o que você diz a Paro?".
Ela chacoalha o bilhete diante de seu rosto abatido.
"Você também ama a Paro e sua poesia horrível?"

Mahi empurra o braço de Shalini para longe do rosto.

**"Não seja nojenta, Shalini.
Claro que não."**

A força das palavras me atinge
como a picada de cobra venenosa,
e fico olhando para Mahi em estado de choque.
Ela enfim olha para mim,

e por uma fração de segundo
vejo minha deusa de olhos perolados,
mas no próximo segundo
vejo uma desconhecida insensível e furiosa.

A raiva domina seu rosto,
um ódio borbulhante em seus olhos,
e eu sinto as lágrimas presas, pesadas,
que prendem minha voz na garganta.

Ela pega o poema das mãos de Shalini,
rasga a folha e a joga na minha cara.
O papel cai como folhas esquecidas
ao meu redor, mas eu não sinto nada.

**"Me deixa em paz, sua pervertida.
Eu não sou bizarra que nem você."**

Palavras em forma de bala
que me acertam direto na alma.
Meus olhos ficam embaçados, e, para meu horror,
me ouço soltar um soluço alto.

Atrás de mim, ouço a porta,
e a voz da sra. Krishnan repreende:
"O que está acontecendo aqui?!
Paro, recolha esses papéis do chão!".

A diferença entre "sozinha" e "solitária"

"Sozinha" me tratou com mais gentileza
do que "solitária" jamais poderia.
"Sozinha" é o aconchego das bibliotecas.
O consolo da poesia de Audre Lorde.

"Solitária" é Mahi, de quem eu esperava só coisas boas,
em pé na frente de toda a classe,
perguntando à professora:
"Professora, posso mudar de lugar?".

"Solitária" é capaz dessa crueldade.
Parece que mil olhos estão me encarando.
Penso em Draupadi na corte,
seus olhos fechados para rezar e enfrentar a humilhação,

e faço o mesmo.
    Mantenha sua cabeça baixa,
    ore para todas as deusas que você conhece.

"Sozinha" guia seus pensamentos: Talvez se eu correr bem rápido
quando o sino tocar, posso chegar à biblioteca
antes que os abutres me alcancem.
"Solitária" faz o seguinte: te transforma em vítima.

Talvez você possa correr mais rápido que "solitária",
digo a mim mesma com determinação.
E, quando o sino toca,
pego minhas coisas

e corro pelos corredores
antes que "solitária" possa me pegar.
Alcanço as portas da biblioteca,
jogo meu poema picotado no lixo,

e prometo a mim mesma em uma fúria humilhada:

nunca mais vou escrever um poema.

A biblioteca

Na seção de mitologia, escondo o rosto
na edição do Ramayana que tem capa de couro.
No começo, parece que consegui conter as lágrimas,
e solto um suspiro de alívio.

Penso sobre o príncipe de Ayodhya, Rama,
a reencarnação do deus Vishnu,
e seu devotado irmão Lakshmana
e sua amada esposa Sita —

em como eles se recusam a abandoná-lo
mesmo que ele tenha deixado de ser rei,
mesmo que o caminho à frente parecesse difícil.
E é aí que as lágrimas escorrem pelo meu rosto.

Elas caem e respingam, manchando a tinta
na página amarelada do livro.
"Você está bem?", pergunta uma voz baixa.
Eu me viro e vejo o rosto preocupado de Sam.

Sam sabe de tudo

Ele me diz isso quando se senta ao meu lado
e passa o braço em volta do meu ombro.

"Por que você não me disse que era lésbica?"

Fecho o livro em silêncio.
"Porque eu não sou."

"Paro." Sua voz carrega um suspiro.
"Eu vi como Mahi e você se olhavam."

"Dá para ser outras coisas além de lésbica",
respondo em um tom mais irritado do que pretendia.

Estou agindo como um animal ferido,
mas não sei como parar.

Ele tira o braço do meu ombro.
Eu me sinto mal na mesma hora.

Você precisa aprender a aceitar o amor,
Shikhandi tinha dito.

Eu respiro fundo, inalo o cheiro
dos livros bolorentos e tusso.

"Desculpe. Eu não quis ser grosseira."
Sam desvia o olhar. "Tudo bem."

Mas não está tudo bem.
Eu sei que não está.

"É por isso que você tem me evitado?"

Eu engulo em seco. Seja honesta e corajosa.
"Sim, é por isso."

"Você achou que eu ia te odiar?
Que consigo ter ódio no coração,

depois do que nossas famílias passaram?"
Meu rosto fica vermelho de vergonha.

Sam nunca fala da Caxemira
nem da Partição. Sempre pensei que era porque

ele não se sentia tão afetado por isso.
Eu estava errada.

Às vezes, as pessoas não falam de sua dor
porque a sentiram de forma profunda demais.

"Todas aquelas coisas terríveis que as pessoas faziam umas às outras
em nome da religião, e você acha...

Você acha que eu iria tratar você assim
porque você é diferente?"

As lágrimas correm como rios profundos pelo meu rosto
e eu me escondo. "Desculpe", eu sussurro baixinho.

Ele não diz nada.
Em seguida, ele me abraça

e me deixa chorar até sua camisa bege do uniforme escolar
ficar encharcada de água salgada.

Quando volto para a sala

Encontro minha bolsa no lixo.
Alguém pegou uma caneta
e escreveu na minha bolsa inteira
as palavras "vadia", "bizarra", "pervertida"
"monstro"
        "monstro"
    "monstro"

Sam tira a bolsa do lixo.
Eu não consigo.
Ele vai até o banheiro,
pega um monte
de papel-toalha
molhado.

Juntos, vamos tentando
dissolver a tinta,
como nossos avós
dissolviam as lembranças
para preservar a própria sobrevivência,
como a família que não puderam enterrar,
como as casas que viram queimar,
como o luto do qual nunca puderam se curar.

A tinta desbota
mas restam as marcas.
Assim como as cicatrizes que sempre ficam.

Depois da aula

Este era meu momento favorito do dia:
quando o ônibus me deixava no velho e empoeirado ponto de ônibus.

E eu ia saltitando pelo caminho de casa
pensando no livro que tinha emprestado da biblioteca

ou no que ia desenhar no meu caderno.
Mas hoje minha barriga dói de ansiedade.

Então não ando saltitando.
A mamãe abre a porta e me dá um abraço rápido,

nenhum beijo na cabeça.
Ela está ocupada com Indra, eu tento pensar.

Não preciso esperar o pior.
O papai foi à cidade resolver alguma coisa.

A mamãe não pergunta como foi a escola
quando me sento à mesa com ela e Indra para comer manga.

Indra diz: "Di, sabe o que eu fiz hoje?".
Ele está sempre sorrindo e isso faz com que eu sorria também.

"O que você fez?"
E enquanto Indra me conta sobre o seu dia,

eu olho de soslaio para minha mãe.
Conheço esse jeito que ela está me olhando.

É como eu olhei para Mahi hoje.
Como se de repente ela fosse uma estranha.

Naquela noite

Shikhandi me visita mais uma vez.
Vejo sua forma cintilante,
toda translúcida ao luar, como se ele fosse
ao mesmo tempo mito e conto de fadas.

Digo a ele com tristeza, com a voz falhando:
"Acho que estraguei tudo".
Ele não diz nada.
Só se aproxima de mim

e me dá
o abraço mais gentil e carinhoso que existe.

Hoje é uma chance de começar tudo de novo

E a mamãe já está na mesa,
as mãos espalmadas,
um jogo americano vazio
diante de si.

Eu me sento de frente para ela,
mas não encosto no meu mingau.
Ela me encara
e está com olheiras escuras.

"Paro, eu e o papai
achamos melhor que você vá
passar o verão
na casa da Nana Nani."

Ela não diz o motivo, mas eu sei.
As pessoas estão falando de mim.
Comentando coisas com ela
com aquela alegria maldosa.

Quando você é uma adolescente,
as pessoas te veem menos como uma criança,
e mais como um receptáculo em que colocam as expectativas
e a reputação da família
e exigem que você não transborde.

As pessoas falam.
É assim que nos mantêm obedientes.
As pessoas falam.
É assim que nos mantém caladas e inertes.

"Paro, eu não quero que o que aconteceu
com A..." Ela faz uma pausa, pensa melhor
e volta a falar em voz baixa. "Que o que aconteceu
com a filha dos nossos amigos aconteça com você."

Eu engulo em seco e pergunto,
sentindo dor de barriga de tanto medo:
"Mas o que aconteceu com ela?".
Minha mãe muda de expressão.

Ela pega um jornal
e o coloca na minha frente.
"Isso. isso é o que acontece
a quem se comporta como você comportou."

Eu fico olhando o jornal

Ele diz:

"Pessoas envolvidas em protesto invadem um cinema com lathis e batem na plateia para se manifestar contra um filme que exibe homossexualidade. O grupo exige que o diretor, o elenco e a equipe sejam presos".

Fotos em preto e branco de pessoas revoltadas
botando fogo em pôsteres
que mostram duas mulheres rindo
e se abraçando.

Ameaças de assassinar
mulheres que amam mulheres.
Frases em que mulheres como eu
destroem famílias e países.

Solto o papel
como se tivesse queimado meus dedos
e me endireito na cadeira,
os olhos arregalados de medo.

Minha mãe me encara
com tristeza nos olhos. "Viu?
Eu só quero que você fique bem,
minha menina. Eles também fazem isso com pessoas."

Eu não digo nada, só faço que sim.
Preciso saber escolher minhas batalhas
se quiser sobreviver a tudo isso.

Além do mais, a casa da minha avó
é meu lugar favorito no mundo.
Ainda assim, não me sinto feliz.

A casa da Nani

Faz muito tempo que não visito o Paraíso.
Mas o Paraíso não esqueceu de mim.
Meu velho o amigo, o sol, entra pela
janela do andar de cima, banhando
o piso de pedra tão liso
até chegar ao velho tapete verde
e pousar sobre o meu rosto quando abro os olhos.
Há algo no ar da Caxemira
que nos livra de qualquer fardo.
Consigo ouvir os mainás-indianos cantando
nas figueiras-de-bengala do jardim.
As vacas estão mugindo no campo mais próximo.
Eu calço as sandálias e vou ao banheiro,
e meu reflexo devolve meu sorriso animado.
Aqui não tem computador, nem internet,
mas tem livros e um jardim,
e cadernos de desenho e tintas,
e histórias e o amor dos meus avós.

Que sorte eu tenho.
Mesmo no exílio,
tenho a chance de estar no Paraíso.

Que sorte eu tenho.
Ainda tenho avós que me amam
de forma incondicional, seja lá o que eu tenha feito.

Café da manhã com Nana-Nani

Minha avó é a pessoa mais sagrada que conheço.
Toda manhã ela acorda com as galinhas e os corvos

só para fazer uma xícara fumegante de chai
para si mesma e para meu avô. Ela diz: "O amor cresce

quando bebemos chai juntos todo dia", e eu acredito.
Nunca vi duas pessoas mais apaixonadas uma pela outra.

Nem meus pais são assim.
Depois de tomar banho, eu me junto a eles

ao redor da velha mesa de mogno para o café da manhã.
A escada da velha casa range enquanto desço.

"Bom dia!", eu digo, animada, dando um beijo
no rosto da minha avó e do meu avô.

A risada alta e contagiante do meu avô ressoa pelo ambiente,
porque tudo que faço é um momento de alegria para ele.

Minha Nani passa os ovos cozidos para mim e pergunta:
"Dormiu bem, minha dil ki tukdi?".

E, pegando um ovo, eu digo com toda a sinceridade:
"Há anos eu não dormia tão bem, vovó".

Minha avó é a pessoa mais **sagrada** que conheço

O conto do vovô

Agora no jardim,
com repelente
espalhado nas pernas,
e os vagalumes voando por perto
no velho balanço na varanda,
o vovô conta as histórias
de sua infância.

Ele me conta sobre o lago Dal.
Como a água refletia o azul do céu,
e como, em um dia calmo, dava pra fazer as nuvens
estremecerem na água com uma pedra.
Como foi crescer em uma casa flutuante.
Como as águas o ninavam toda noite.

Então, quando ele tinha 17 anos,
os homens armados com espadas chegaram.
A cada passo que davam,
mais sangue eles derramavam.

Eles disseram ao meu bisavô
que, se ele não partisse, eles levariam sua esposa
e suas filhas e matariam seus filhos.

Então meus bisavós
enfiaram tudo que podiam
no velho jipe.

Quando estavam prestes a partir,
um pai chegou implorando que ajudassem sua filha.
Mas só havia espaço para uma pessoa.
Então meu avô saiu sem dizer palavra
e deu seu lugar ao pai e a sua filha.

"Minha família chorou muito.
Me disseram para não fazer.
Eu fiz mesmo assim."

Ele se retrai. A artrite castiga seu joelho
quando ele tenta se levantar. Vou ajudá-lo,
mas ele balança a cabeça. Então eu pergunto:

"Por que você fez isso, vovô?".

Ele me olha bem nos olhos;
mesmo à meia-luz vejo que estão brilhando.

"Como eu poderia seguir a vida
sabendo que tinha separado aquela menina
do último membro vivo de sua família,
se toda a minha família tinha sobrevivido?"

Fico em silêncio, pensando no que ele disse.
"Mas como você sabia que seria capaz
de sobreviver a tudo aquilo?"

Ele aperta minha mão.

"Eu não sabia. Eu só sabia quem era o homem
que eu queria ser se sobrevivesse."

Na manhã seguinte

Acordo com o bipe de uma mensagem
vindo do meu celular.

Esfrego os olhos e pego o aparelho,
desconectando-o do carregador.

Aqui é difícil que as mensagens cheguem.
Perto das fronteiras até as ligações ficam entrecortadas.

Imagino que seja minha mãe, ou meu pai, ou até o Sam,
mas o nome na tela me deixa sem palavras.

Mahi.

Engulo em seco, fecho os olhos
e tento acalmar meu coração acelerado

antes de olhar de novo para a tela.
meu dedo paira sobre o botão que abre a mensagem,

e então, depois respirar fundo e me acalmar,
eu o pressiono.

"Oi, Paro.
Me desculpe pela forma como agi na escola.
Não devia ter feito aquilo com você.
Meus pais são religiosos
e ficaram muito bravos comigo.
Eles disseram que se um dia
eu fizer algo parecido outra vez,
eles vão me deserdar.
E Shalini e Priya
também tiraram sarro de mim.
Não sou como você, Paro.
Não fico bem se sou excluída.
Não consigo suportar ser alvo de chacota

como fazem com você.
Preciso das minhas amigas, com elas me sinto segura,
como se fosse igual a elas.
Além do mais, você sabe o que fazem
com as pessoas que são como nós.
Prometo que nunca mais vou te magoar.
Podemos voltar a ser amigas?"

Aperto o celular
bem forte
a cada palavra que leio
até que meus dedos
ficam brancos.

A fúria atravessa o meu corpo.
Eu jogo o celular na cama
e vou me arrumar para começar o dia.
Mas quando me olho
no espelho do banheiro, estou tremendo.

Cem mil justificativas.
É só isso que vejo na mensagem dela.
Não é um pedido de desculpas,
mas uma mensagem que exige
meu perdão.

Nesse momento acho
que Mahi é uma vilã
que não se incomoda em me jogar
aos leões
para salvar a própria pele.

O templo da casa

Nani percebe que há algo de errado
na hora em que desço a escada.

Não participo da conversação,
só remoo a mensagem de Mahi e sua falta de consideração.

Mordo uma maçã e só termino de comê-la
porque sei que Nani não gosta de desperdício.

Mas antes que eu saia correndo dali,
ela me chama: "Paro, venha comigo".

Suspiro e a acompanho, mesmo sem vontade.
Ela me leva ao altar que fica dentro da casa.

Começamos a rezar,
e ela entoa o Gayatri Mantra.

Quando termina o mantra,
vejo que ela está com um lenço carmesim nas mãos.

Ela abre devagar o lenço
e tira de dentro dele um jogo de cartas azuis bem grandes.

"Isso", ela diz baixinho,
"pertencia à sua bisavó.

É um dom de visão e lucidez
chamado tarot."

As cartas

Nani me mostra as cartas.
Belas ilustrações antigas
cobrem as superfícies amareladas
de um lado a outro.

Ela me mostra o que são.
Arcanos maiores, cartas da corte,
paus, espadas,
ouros, copas.

Ela me fala do dom
que todas as mulheres da minha família têm
mas sobre o qual ninguém fala.
Nem mesmo minha mãe.

"Foi por isso que ela mandou você para cá",
diz minha avó.
"Ela descobriu o dom dela
quando tinha sua idade."

E eu, com meu jeito infantil, pergunto:
"É bruxaria?",
Isso me rende uma palmada leve
em uma das orelhas.

"Não seja boba, menina.
As cartas são um presente sagrado
que a deusa nos deu.
As pessoas colocam rótulos

em tudo que não entendem e temem.
Elas fazem isso com tudo que é incomum.
As próprias deusas dirão isso a você."

Naquela noite

Eu distribuí as cartas diante de mim,
fechei os olhos e fiz uma oração

para todas as deusas e deuses,
para o próprio universo e para Shikhandi.

Pedi que eles me envolvessem com sua proteção.
Depois perguntei em voz baixa às cartas:

"Me digam. O que devo dizer para a Mahi?".
Misturo as cartas e aos poucos minhas respostas caem do monte.

Primeiro, O Mago:
"Eu sou a mestra daquilo que manifesto".

Em segundo lugar, o Ás de Espadas:
"Um rompimento trará novos começos".

Em terceiro lugar, O Mundo:
"Todos os ciclos devem chegar ao fim".

Respiro fundo
e conto até dez.

Então agradeço
a todos que estão cuidando de mim.

Com cuidado, devolvo as cartas
ao lenço carmesim e dourado

e as coloco sob meu travesseiro.
Lentamente, digito estas palavras na tela.

"Lamento se você só consegue se sentir no controle
fazendo parte de um grupo que aos outros causa dor.

Ter poder é muito diferente
de ser uma criatura poderosa.

Quem tem poder,
pode ferir,

mas quem é poderoso pode ajudar alguém que precisa
mesmo sem se beneficiar disso.

Eu te perdoo, Mahi.
Mas não acho que um dia voltarei a confiar em você."

Aperto "enviar" e suspiro.
Parece que tiraram um peso das minhas costas.

Mas continuo pensando em algo que ela disse,
mesmo quando fecho os olhos.

"Você sabe o que fazem com pessoas como nós."

Eu sei que este lugar é o Paraíso para mim,
mas não posso ficar escondida para sempre.
Cedo ou tarde vou precisar voltar.

Voltar para o coração ferido da minha mãe.
Voltar para as colegas que debocham de mim.
Voltar para onde não posso ser quem sou.

Talvez se for para bem longe,
eu encontre um lugar onde possa ficar.
Quando estou quase dormindo eu penso:

"Se não me aceitam como sou,
talvez este não seja
o meu lugar".

Naaretv
Vida adulta

Até o dia tem que se despedir do sol
e permitir que a luz desapareça
para que a escuridão possa existir.

A única maneira de vencer o luto é passar por ele.
De que outra forma alguém abre caminho para o amanhecer
e para novos começos em que a cura sorri?

Uma nova cidade

Todas as cidades grandes são um pouco parecidas.
A comida muda, a língua muda,
as pessoas mudam.

E ainda assim tudo continua igual.
Podemos chamar o transporte de metrô ou de trem.
Podemos chamar o bairro de Chandni Chowk ou de Hackney.

Todas as cidades são irmãs,
e eu as imagino sentadas à mesa,
em uma tarde de domingo em família.

Paris vestida de Chanel branco
bebendo Chardonnay, fumando um cigarro,
discutindo com...

Roma, olhos escuros reluzindo malícia,
insinuações históricas sobre Nero e César,
sentada ao lado de...

Kingston, sorrindo gentilmente, câmera velha na mão,
tirando fotos enquanto discute música, dança
e arquitetura com...

Tóquio, que é toda flores de cerejeira macias e com um jeito gentil,
uma paixão por história e arte e como elas se revelam
em monumentos, e é por isso que...

Déli, que agora amo, está participando intensamente
dessa conversa, vestindo um sari imaculado,
gloriosa em seu esplendor enquanto...

Copenhague e Nova York se alfinetam com humor,
Cairo e Nassau entram em um papo profundo
e...

também há Londres, misteriosa,
olhando a lareira, distraída, às vezes fria.
Mas sempre com uma história para contar.

"Srta. Madera." Saio do meu devaneio
e olho para o sisudo oficial da imigração.
Ele pronuncia meu sobrenome como "mad-erra".

Estou prestes a corrigi-lo,
mas ele já está acenando para a próxima pessoa
e eu olho para uma placa que diz:

Bem-vindo a Londres.

Londres

A linha Piccadilly está cheia,
mas as únicas pessoas falando
são o jovem casal espanhol
sentado ao meu lado.

À medida que o trem segue
aos trancos até seu destino,
tento olhar para as pessoas ao meu redor
sem ficar encarando como se eu fosse nova aqui.

"Não pareça uma presa fácil",
meu pai me alertou antes de eu partir.
E eu assenti silenciosa,
porque sabia o que ele estava tentando dizer.

Mulheres jovens e sozinhas são fáceis de identificar.
Aqui pode não ser Déli,
mas as meninas também desaparecem.
Não acho que cidades grandes signifiquem perigo,

mas as pessoas mais cruéis não conseguem se conter,
então eu me ocupo com um livro,
tento parecer só mais uma garota entediada de 18 anos,
tento parecer alguém que é segura de si.

O trem para em King's Cross
e quando saio pelas portas
me pergunto se consegui,
se dominei a arte de ser invisível

        de parecer alguém que não é uma presa fácil.

A mamãe mal falou comigo antes de eu partir

Ela queria que eu fizesse faculdade em Déli.
Mas, aos 16 anos, eu tomei minha decisão.
Por isso eu trabalhei, estudei e fiz tudo que pude
até que, entre Papa e Nani e uma bolsa,

eu enfim pudesse vir estudar aqui.
Um lugar longe de casa
onde de fato pudesse explorar quem eu precisava ser.
Um lugar onde eu pensei que não fossem me ferir por ser quem sou.

Ela me disse: "Acho que você vai descobrir que Londres
não é o sonho que você acredita que seja".
E quando perguntei por que, ela apenas disse:
"Só cuide do seu coração sensível, meu bebê".

Curso de belas-artes

Parada na frente do prédio da universidade,
que mais parece um antigo internato inglês,

portas duplas antigas e pesadas com grandes maçanetas decoradas,
estátuas brancas que ao mesmo tempo parecem acolhedoras

e intimidadoras, respiro fundo, nervosa, e fecho os olhos.
Tento imaginar o que Shikhandi, ou Draupadi,

ou Shashthi, ou Lakshmi fariam em um momento como este.
Como se o vento frio de setembro soubesse o que
estou perguntando,

ela sussurra a resposta nas minhas orelhas, que aos poucos ficam
anestesiadas:
"Eles aceitariam sua boa sorte e entrariam".

Estudantes estrangeiros

O corredor está tão cheio.
Mesas rente às paredes
rotuladas com os nomes de cada curso,
futuros alunos já cansados fazem filas com malas
para descobrir aonde ir.

Chegamos antes dos alunos do país
para poder nos acomodar depois de nossos longos voos.
Sigo as placas que levam à mesa de Ilustração;
uma senhora sorridente de casaco de lã azul e óculos grandes
me entrega um monte de papéis.

"Estas são as informações sobre a sua moradia,
seu cronograma, lugares para comer fora da universidade,
escritórios de aconselhamento, edifícios administrativos,
números de telefone importantes",
ela fala tão rápido que mal consigo acompanhar.

Eu sorrio e faço que sim mesmo assim.
Tenho certeza de que vou conseguir me virar.
Não quero fazer perguntas demais
e parecer uma ignorante ou uma folgada,
ou, pior ainda, alguém que não está prestando atenção.

Olho ao redor e vejo os outros estudantes estrangeiros,
me perguntando se algum deles está indo
para o mesmo dormitório que eu.
Não quero me perder
mas, acima de tudo,

eu gostaria de ter a chance
de transformar alguém desconhecido em amigo.

"Você está perdida?"

Uma voz grave e simpática me pergunta.
Com certeza é inglês, eu penso,
me virando com um sorrisão no rosto.
Na mesma hora, penso que deveria ter escovado os dentes
depois do meu voo de oito horas.

O cabelo escuro e cacheado cai em seus olhos
e um sorriso torto surge em seu rosto.
Ele está vestindo uma camisa branca
e um crachá que diz "Auxílio ao aluno",
ao lado do nome "Devon".

Sua pele tem cor de oliva, como a minha,
e ele parece ser muito confiante.
Duas garotas bonitas passam por nós
e ele as cumprimenta, fazendo-as rir.
Eu penso: por que todo mundo aqui é melhor do que eu?.

"Você está perdida?",
ele repete,
mais devagar dessa vez,
provavelmente pensando
que eu não sei falar inglês.

Eu faço que sim. Ele levanta uma sobrancelha,
e eu percebo que estou encarando.
Olho para o chão, meio sem jeito.
"Hum, parece que preciso ir para Tooting..."
Ele finge que tomou um susto.

"Nossa, colocaram você bem longe para uma caloura."
Aproveito a oportunidade para fazer uma piada.
"É, é porque sou pobre."
Ele inclina a cabeça e sorri.
"Acho que você se deu melhor do que a maioria."

E eu fico corada, porque ele está certo.
Não quero parecer mimada e ingrata.
Ele aponta para a minha pasta. "Deixe eu te ajudar."
Eu a entrego e ele, ele aperta sua caneta.
Ele pega o mapa do metrô e marca a rota.

Meus olhos seguem sua mão
porque assim não fico olhando seu rosto
e a intensidade de seus olhos hipnóticos.
Algo nele me pareceu tão familiar.
Ignorei essa sensação, devia ser só jet lag, com certeza.

Ele apertou a caneta e me mostrou o mapa.
"Esta aqui vai ser sua Bíblia.
Pegue esses três trens
e você deve chegar lá em uma hora."
Eu pego o mapa, agradecida. "Obrigada."

Ele sorri de novo. "Sem problemas.
Te vejo lá algum dia.
Também moro por ali."

E não consigo evitar sentir frio na barriga
de um jeito que não acontecia há muito, muito tempo.
Desde Mahi.

Dormitórios

Sou a única pessoa no meu apartamento,
e serei por um dia inteiro.
Sinceramente, isso me deixa feliz.
O lugar parece grande, mas só
porque vamos precisar dividi-lo em oito.

Meu quartinho minúsculo é quase perfeito.
Há uma mesa e uma cadeira
para quando eu quiser trabalhar,
um mural para planejar meus dias
e, da minha janela,
tenho a vista da vila estudantil.

A única coisa que me incomoda
é a cama. Meus pés ficam pendurados para fora
quando tento me deitar
nos lençóis novos que comprei
no Sainsbury's aqui perto.

Pego meu celular e troco o chip
para pagar um centavo por minuto em chamadas internacionais
e logo depois faço uma ligação rápida para Indra:
"Oi, já estou no dormitório".
Sua voz parece tão distante quando ele diz:

"Que ótimo! Como está sendo aí, Di?".
E um nó aperta minha garganta.
Eu respondo: "Tudo ótimo.
Está tudo dando certo".
Mas só consigo pensar que

Vai demorar tantos meses
antes de eu te ver de novo, bhai.

Ratri

Acordo no escuro.
Nem percebi que tinha adormecido
falando com Indra, o celular ainda
na minha mão.

Tem alguém aqui.
Bem aqui no quarto comigo.
Eu vejo a silhueta na escuridão
perto do guarda-roupa.

Percebo nesse momento
que nunca tinha ficado sozinha de fato durante à noite.
Mamãe, papai, Indra, Damini, vovô, vovó,
sempre tinha alguém presente se eu precisasse.

Você aprende a pensar que estar segura
é uma coisa garantida.
E agora... estou sozinha em um apartamento vazio,
com alguma coisa me encarando.

Começo a tremer enquanto levanto meu celular,
prestes a ligar a lanterna,
mas uma voz preenche o cômodo escuro.
"Você não tem nada a temer.

Eu sou a Devi
do amor e da noite.
Acho que você sabe
por que estou aqui."

Somos muito adaptáveis, as mulheres e as **deusas**

A sexta história

Eu nasci na escuridão. Muito antes dos antigos deuses ou dos deuses mais novos ou da floresta dourada, este universo não passava de um abismo. Minha mãe foi a criadora divina de tudo isso, a própria Devi. Por muito tempo ela flutuou sem ter consciência de si mesma. Sem ter consciência do mundo que havia ao redor dela. E como ela ficou sozinha, sendo a única criatura que havia, ela desejou ter um filho e me manifestou.

Lá, na escuridão, o rosto da minha mãe brilhava como uma galáxia, e é a primeira lembrança que tenho. Muito antes de eu usar nebulosas como tornozeleiras e abrir meu terceiro olho.

Eles me chamam de muitos nomes. Os gregos me chamavam de Nyx. Mas minha mãe me chamou de Ratri, que significa "noite". E eu cresci criando estrelas através da dança e fazendo minha mãe sorrir, então ela confeccionou uma lua nova só para mim, dando vida ao Trimurti através de palavras.

Nós fomos As Primeiras. Energia feminina divina que nutriu e deu vida a tudo ao nosso redor. Mas o conceito de uma mãe e uma filha que escreveram juntas um poema eterno intitulado "universo", que criaram a energia masculina, não agradou às pessoas que contavam essa história. Então, pouco a pouco, fomos apagadas. Deixadas de lado para que a história se tornasse mais popular.

A Devi, minha mãe, é tanto equilíbrio quanto caos. Ela é o começo e o fim de todas as coisas. Eu também venho do mesmo sangue divino.

Os Trimurti — Shiva, Vishnu e Brahma — sabiam disso. Ninguém me desafiava, pois eu era a noite. Eu era um poder ilimitado, caminhando pelo universo com meu véu, levando escuridão aonde quer que fosse.

Quando minha irmã Ushas nasceu, eu não poderia ter ficado mais feliz. Essa era nossa família de escuridão e equilíbrio. Minha mãe, minha irmã e eu.

E então... Surya, o sol e a luz, foi trazido para o mundo. Desde o momento em que nasceu, ele foi implacável — sua luz era tão forte que minha escuridão doía. Aonde quer que eu fosse ele me perseguia, e eu não tinha permissão para usar meus poderes para detê-lo, pois eu poderia reduzi-lo a pó. Minha mãe, que mantinha o equilíbrio em todo o universo, não permitiria isso. Se me tocassem diretamente, seus raios queimariam minha pele. Em vez disso, tive que aprender a me retirar sempre que ele estivesse por perto, dando-lhe tempo para brilhar. Os dias ficaram mais longos e as noites, mais curtas, até que eu mal conseguia dar uma hora aos meus planetas. A própria presença dele me deixava infeliz, porque significava que eu teria que fugir. Minha irmã Ushas percebeu isso. Éramos tão próximas que ela sempre sabia quando eu estava sofrendo, e eu também sabia quando ela sofria.

Um dia ela me disse: "Não consigo mais ver você sofrendo. Me diga como eu posso ajudá-la".

Suspirei e esperei Surya se pôr. "Você não pode, Ushas, ninguém pode. Ele deve tomar a decisão." E olhei na direção do sol do lugar onde eu ficava esperando.

Ushas sorriu para mim. "Di, se ele te incomoda tanto, vou encontrar uma maneira de fazê-lo parar."

Pensei que ela dizia isso para me acalmar. Por uma gentileza entre irmãs. Nunca pensei que ela fosse fazer o que fez.

Ushas se encontrou com ele. Surya. Apesar da angústia que a força de sua luz abrasiva causou a ela, ela entrou em seu palácio celestial em Devlok e pediu para encontrá-lo. Ele estava mapeando seus caminhos através do universo na ocasião. Tentando encontrar uma maneira de me erradicar. Causar a minha extinção.

Isso deixou Ushas furiosa. Ela exigiu saber: "O que será necessário para você deixar minha irmã em paz?".

E Surya, que se viu fascinado tanto pelo poder quanto pela beleza dessa deusa primordial, disse, quase em transe: "Você. Será preciso que você se torne minha noiva e caminhe à minha frente".

"Impossível. Os antigos não podem viver em Devlok, você sabe disso tanto quanto eu. E você é o tipo de luz da qual nossa família de escuridão não pode se aproximar, porque você queima tudo que toca. O simples ato de estar aqui é doloroso para mim."

Surya, que era um negociador nato, trouxe amrita para ela beber. "Se beber isso, você será capaz de viver comigo, e eu vou ceder: deixo sua irmã voar livre pelo mesmo tempo que eu. Mas há um porém", acrescentou ele.

Ushas olhou para ele, esperando.

"Se beber isso, você nunca mais poderá ver sua irmã. Não como via antes."

"Mas ela estará segura e você não vai mais persegui-la ou levá-la ao exílio?"

Ele levou a mão ao peito e curvou-se ligeiramente. "Eu lhe dou minha palavra."

Minha irmã me amava tanto que tomou a decisão em um piscar de olhos. Ela bebeu do copo e deixou que a luz a queimasse por dentro até... até que ela deixou de ser escuridão e se tornou os dedos róseos do amanhecer e do crepúsculo.

Ela é conhecida como o momento tranquilo em que a noite se torna dia e o dia se torna noite.

Ela se tornou esposa dele para que eu, a noite, pudesse correr livre. Ela anda à frente dele, uma deusa reencarnada do amanhecer e crepúsculo, de modo que o ardor dos raios dele não pode mais me ferir. No final, não foi o poder, mas o sacrifício de minha irmã que me trouxe a liberdade.

Agora eu sou mais velha

Já não sou mais a criança que as deusas visitavam.
Passei da idade de acreditar em contos de fadas
ou em mitos que falam comigo.

Por que falariam?
Não sou tão especial assim.
Passei muito tempo tentando encontrar explicações para isso.

O trauma me fez transformar meus livros em realidade.
A necessidade de ser aceita fez com que eu buscasse a religião.
As outras crianças tinham amigos imaginários; as deusas eram
os meus.

Existia uma explicação racional
para as visitas que eu recebia:
elas nunca tinham existido.

Então essas coisas agora parecem um sonho.
Precisam ser. Passei tanto tempo
curando o que julgava ser uma mente doente.

Isso não deve passar de um sonho,
uma história que li em algum lugar,
em um livro na minha infância.

Mas nada pode mudar o fato
de meus olhos terem visto
uma mulher de pele cor da noite vestida com um sari preto,

tecendo aos poucos pequenas nebulosas
nos cabelos, sentada
na beira da minha cama.

Depois da sexta história

Paro: Eu pensei que...

Ratri: Você pensou que havia nos superado, e que havia nos imaginado. Sim. Eles dizem que foi isso que você fez.

Paro: Já passei da idade de ter amigos imaginários.

Ratri: Talvez nós não sejamos velhos demais para você, menina. No grande cenário do universo, a morte chega apenas para uma de nós. E eu estou aqui desde o começo do próprio tempo. Você é mais imaginária do que eu jamais poderia ser.

Paro: Por que ninguém mais vê vocês, então? Por que as pessoas não sabem que vocês existem? Por que duvidam dos deuses e deusas se estão tão perto?

Ratri: Você também não vê o vento, mas sabe que ele sopra. Você sabe que ele existe. Você sente. A fé funciona do mesmo jeito.

Paro: Então é tudo um teste?

Ratri: Tudo é um teste. É assim que você evolui e se torna o que deve ser. Mortais e imortais devem obedecer às mesmas regras.

Paro: E a sua irmã... No fim das contas, ela conseguiu amá-lo?

Ratri: Somos muito adaptáveis, as mulheres e as deusas.

Paro: Por que você me contou essa história? Eu não tenho irmãs.

Ratri: Talvez esteja na hora de você encontrar algumas.

Passo a noite toda acordada

Fico deitada na cama e me pergunto
por que uma deusa me visitaria.
Levanto o braço e me belisco até deixar
uma marca para confirmar que estou acordada.

Eu me pergunto se minha mente
está me enganando.
Se há algo
de errado comigo.

Será que isso pode ser um efeito
da depressão, do trauma
ou da ansiedade?
Mas dentro de mim eu sei o que vi.

Sei que ela estava ali.
No meu dormitório da universidade,
tão antiga que nem parecia
destoar do ambiente.

Como o céu,
as estrelas,
o mar,
ou o uivo da loba.

Na hora
em que o sol
nasce, enfim fecho meus olhos
para dormir.

As ruas de Tooting

Faço o que todos os meus heróis fizeram
quando estavam perdidos em seus pensamentos.

Coloco um caderno de desenho e lápis em uma sacola
e saio caminhando sem rumo.

Caminhadas sem destino nenhum
são uma poderosa fonte de inspiração.

Um jeito de tentar entender algo
que não faz sentido algum.

Então eu atravesso a vila estudantil.
Esse nome é muito estranho

já que são apenas prédios
que ficam de frente para um belo pátio

com um grande jardim no centro.
Já vejo algumas pessoas se reunindo ali,

rindo, brincando, se conhecendo melhor.
Continuo andando, rumo ao que chamam de rua principal.

Decidi que quero conhecer Tooting.
No caminho descubro uma loja de kebabs fechada

e alguns outros lugares que vendem comida para levar.
Todos os bancos ficam reunidos, opressivos,

na mesma parte dessa rua movimentada,
como homens de terno em uma reunião.

Rio sozinha, pensando
Vou contar isso pra minha família.

Depois paro, pensando em como estão longe.
E um simples telefonema não adiantaria.

Na mesma hora me corrijo
por esse momento de autocomiseração.

"Você escolheu estar aqui, Paro.
Foi sua decisão."

Empurro a dor bem fundo,
levanto os ombros e continuo andando.

Assim que volto a andar,
ouço alguém gritar:

"Ei! ei!", e me viro e vejo
Devon atravessando a rua e vindo na minha direção.

Finjo não notar que meu coração acelera.
Ele me alcança, um pouco ofegante,

e diz: "Como você anda rápido! Lembra de mim?".
Como alguém poderia não lembrar?

Eu digo: "Lembro, sim. Oi".
Dá para ver que ele estava correndo

por causa do tênis azul de corrida
e o suor que salpica suas sobrancelhas

e escurece sua camiseta azul.
Isso me deixa menos insegura

por estar usando uma calça velha
e uma blusa de moletom.

Ele olha o relógio.
"Você acordou cedo."

"Eu não conseguia dormir."
As palavras saem da minha boca antes que eu consiga evitar.

Ele inclina a cabeça, me olhando com curiosidade.
"Quer conversar sobre isso? Tem um café aqui perto."

"Ahnn... tá bom",
me ouço dizendo.

Isso nunca tinha acontecido comigo,
então por que não tentar?

Uma coisa é certa:
não estou mais em Déli.

Devon

Ele é de East London
e fala isso como se
significasse muito para ele,

e eu não consigo não sorrir.
As pessoas ficam tão lindas
quando falam daquilo que amam.

Ele está no segundo ano de belas-artes
e é viciado em chocolate.
Sei disso porque está comendo um muffin de chocolate

e tomando um chocolate quente.
Seus olhos castanho-claros
têm uma boa dose de marrom

e me lembram a velha figueira-de-bengala
no jardim da Nani logo depois da chuva.
E parece que ele nunca fica

sem assunto.
Em quinze minutos
sei a vida dele inteira,

do signo (gêmeos)
ao nome da mãe (Anita).
Descubro que sua mãe é indiana

e seu pai é inglês.
Que o nome dele é Devon
porque sua mãe queria Dev

mas seu pai preferia Simon.
É tão agradável conversar
com alguém tão aberto.

Ninguém precisa
fazer rodeios.
"Desculpa", ele diz, parecendo envergonhado.

"Eu falo demais."
Eu seguro meu latte e me recosto na cadeira.
"Não peça desculpas. É legal. Eu gosto de escutar."

Ele balança a cabeça.
"Eu nem perguntei
que curso você vai fazer."

Eu sorrio. "Ilustração.
Verdade seja dita, estou preocupada.
Não sei se levo jeito."

Como que lendo meus pensamentos, ele diz:
"Você conseguiu entrar, então deve ser boa.
O curso é muito concorrido".

Olho para o meu latte,
sempre lidando mal
com elogios.

"Me conta, Paro."
A forma como ele fala meu nome
faz com que eu me sinta tão calma quanto um sonho bom.

"Por que você não conseguiu dormir?"

A verdade

É sempre muito complexa.
Não posso contá-la para a minha família,
muito menos para alguém que acabei de conhecer.

Tenho mil segredos que não posso dividir com ninguém;
os únicos lugares nos quais posso colocá-los
são meus desenhos, agora que não escrevo mais poesia.

Quem acreditaria que deusas me visitam?
Quem acreditaria no que aconteceu na feira?
Já vi na tv e no jornal

como as pessoas tratam as mulheres que contam suas histórias.
Nos chamam de encrenqueiras e mentirosas,
ficamos marcadas, difamadas para todo o sempre.

Então respiro fundo e digo:
"É que às vezes eu tenho pesadelos".
E logo volto a falar dele.

Devon tem que ir para a aula daqui a pouco

Mas antes de ir, ele diz:
"Eu ficaria conversando com você pra sempre".
E não consigo me segurar

e fico toda vermelha.
Meu coração bate um pouco mais depressa
e, da porta, ele sorri e acena para mim.

Olho ao meu redor no pequeno café.
São apenas quatro mesas,
estou na que fica ao lado da janela.

É um bom lugar para observar as pessoas.
Mães empurram carrinhos de bebê
e pessoas sonolentas buscam um café antes do trabalho.

Sinto um pouco de vergonha
por não ter algo para fazer
enquanto todos estão sendo produtivos,

então pego meu caderno de desenho e um lápis 4B.
No olho da minha mente, Ratri e Ushas ganham vida
e desenho as duas dançando no cosmos.

"Encontre irmãs", Ratri havia dito.
Levanto o rosto e vejo duas garotas do outro lado da rua
entrando em um supermercado de braços dados, rindo.

Como se fosse fácil.

Não sei o que estou fazendo aqui

Só sei que o folheto dizia "Comunidade Desi",
e aqui estou eu. É só uma sala na universidade,
mas, de alguma forma, com tanta gente aqui,
parece tudo surreal.

As cadeiras formam um círculo,
mas ninguém está sentado.
As pessoas estão divididas em grupos, rindo e conversando.
Endireito os ombros de leve e penso:

Tá, Paro. Coragem. Vá até lá e faça amigos.
Mas meus pés não se movem.
E se pararem de falar quando eu chegar perto?
Não quero ninguém sem graça.

Enquanto penso no que fazer, uma garota de olhos verdes
se afasta de um grupo e se aproxima de mim.
"Oi." O jeito que ela fala é alegre e gentil.
"Meu nome é Sakshi. Primeiro ano?"

"Oi, eu sou a Paro. Isso, primeiro ano."
O rosto bonito de Sakshi se abre.
"Ah, você é da Índia!
Que bom que nos encontrou."

Acho isso estranho.
Não era para todos ali serem da Índia?
Então eu percebo
que ela quer dizer que todos eles cresceram aqui.

Ela quer dizer que eu sou igual de um jeito diferente.
Acho que ela ouviu no meu sotaque.
De repente me sinto um pouco constrangida,
como se eu estivesse destoando.

Para piorar, todas as pessoas nesse lugar
parecem Apsaras, Devis e Devas
saídos de Amar Chritra Katha.
São todos perfeitos, bem-vestidos,
exalando a confiança de deusas e deuses, e eu sou... bom, eu sou eu.

Sakshi deve ter notado meu conflito,
pois diz: "Não se preocupe, querida.
Todo mundo aqui é muito legal".
Ela me pega pelo braço e diz:

"Por que você não dá uma chance?".

O convite

Ela tem razão. Todo mundo é legal mesmo.
É a mais pura hospitalidade desi;
é impossível não relaxar
com as brincadeiras e o clima bom.

Déli é muito influenciada
pela cultura do norte da Índia
que é seu berço, mas aqui
cada um é de um lugar diferente.

Mais ou menos como uma menina da Caxemira
que veio de Déli e está em Londres.
Ouço a voz de Ratri em minha cabeça.
Isso me assusta, mas não deixo transparecer.

Ali, o garoto que está ao meu lado pergunta:
"De que parte da Caxemira você é?".
Eu não esperava essa pergunta.
"Srinagar." Toda vez que digo isso

é quase como se
essa informação não me dissesse mais respeito.
Aquela foi outra menina. Outra vida.
"Ah, é um lugar bonito. Sua família mora lá?", ele pergunta.
Faço que sim. "Meus avós. Conhece lá?"

Não conto que só visito os pais da minha mãe.
Os pais do meu pai não fazem mais parte da minha vida.
Eles não gostam da gente porque não compactuamos
com a intolerância deles.

Ainda é estranho quando as pessoas
falam sobre a Caxemira comigo.
Como se eu fosse devolvida para as aulas de história
de tantos anos atrás.

Ser da Caxemira é andar em um campo minado
pelos sentimentos de outras pessoas,
um local em que você nunca pediu para pisar
mas que sempre estará lá.

Eu me preparo para as opiniões fortes
que estou acostumada a ouvir de pessoas
que nunca viveram lá. Mas elas não vêm.
Em vez disso, ele só diz: "Nunca. Mas adoraria conhecer".

Abro um sorriso, me acalmando de novo,
e me sentindo boba por ter sido preconceituosa.
"Você ia gostar muito,
mas também te deixaria triste."

"Por causa dos problemas todos?"
Ele bebe um gole de Coca
e me olha com uma expressão eloquente. Faço que sim.
"Por causa dos problemas todos."

Paramos por aí e me sinto aliviada.
Mas falamos de outras coisas,
e de repente são oito horas.
Três horas passam tão rápido.

Antes de eu sair, Sakshi coloca um convite
na minha mão e me dá um abraço.
Eu retribuo o abraço, e isso me deixa surpresa.
"Você trate de ir", ela diz e vai embora.

Olho para o convite laranja e amarelo.
Em letras pretas do alfabeto Devanágari se lê:
"Festa do Diwali".
Sorrio sem parar até chegar à biblioteca.

"Ô, paqui!"

As palavras agridem meus ouvidos
e me deixam paralisada.
Parece que estou em um filme,
porque isso não pode ser vida real.

É impossível que alguém em Londres, logo em Londres,
use essa palavra. Essa palavra tão horrível e tão cruel.
Ainda mais aqui, em Tooting,
tantos sul-asiáticos vivem aqui.

Meu coração bate forte e eu aperto o passo.
Ouço que estão atrás de mim.
É a risada que me aterroriza mais que tudo.
Parece vir de uma boca cheia de dentes afiados.

Está muito escuro.
Tudo está fechado.
Não há ninguém na rua,
e estou sendo seguida.

Me sinto tão ingênua.
Por que fiquei até tão tarde na biblioteca?
Por que não fui para casa às oito
depois de me divertir na comunidade?

Estou prestes a começar a correr
quando sinto alguém me puxar
pela mochila e tropeço,
caindo sem jeito para trás na calçada.

A dor atravessa minhas pernas
e minhas costas, mas o terror
me anestesia quando percebo
que estou à mercê dessas pessoas.

De um grupo de garotos brancos que me cercam como tubarões;
consigo sentir o cheiro de álcool e ódio.
"Ô, paqui, o que você veio fazer aqui?",
um deles pergunta, falando tão arrastado

que mal consigo entender o que ele diz.
Meu coração bate tão forte nos meus ouvidos.
Eles vão me matar?
"Por favor, me soltem."

Mal consigo me ouvir falar.
"Por que seu bando não volta pra onde veio?",
outro garoto pergunta, chutando minha coxa com ar desdenhoso,
e eu engulo meu grito para a garganta.

Ele dá uma risada maldosa e pergunta:
"O que tem na bolsa?".
Agarro a bolsa e a puxo para perto,
mas isso é um equívoco.

Ele a arranca dos meus braços
e abre o zíper, fazendo meus lápis
e caderno, tudo, cair no chão.
Com suas mãos grandes, ele vasculha os bolsos

e encontra minha carteira.
Ele joga minha bolsa e agacha;
seus olhos azuis e frios
me dão arrepios.

"Me dá seu celular."
Eu faço que não com a cabeça.
É minha única conexão com minha família,
não posso, não posso...

"agora."

Ele estica o braço para me pegar
mas eu me jogo para trás
e ele erra a mira, escorregando de um jeito ridículo
e fazendo seus amigos rirem.
Na hora sua postura muda
e ele, raivoso, grita:

"Sua paqui vadia",

e avança na minha direção. Eu abraço os joelhos
com força e fecho os olhos

e espero por algo pior
do que aconteceu na feira,
algo pior
do que as mãos do vendedor de frutas,

mas... não acontece nada.
Abro os olhos
e os vejo correndo pela rua
como se uma sombra os perseguisse.

Não paro para descobrir o motivo.
Só me levanto o mais rápido possível
e corro
e corro
e corro
e só paro
quando estou no apartamento.

Percebo que outros alunos chegaram
enquanto estive fora.
As luzes estão acesas.

Antes que qualquer um possa me ver
corro para meu quarto,
tranco a porta

e desabo,
destruída, acabada,
no chão.

Terror

Não acredito que isso aconteceu comigo Não acredito que isso aconteceu comigo
Não acredito que isso aconteceu comigo Não acredito que isso aconteceu comigo
Não acredito que isso aconteceu comigo Não acredito que isso aconteceu comigo
Não acredito que isso aconteceu comigo Não acredito que isso aconteceu comigo
Não acredito que isso aconteceu comigo Não acredito que isso aconteceu comigo
Não acredito que isso aconteceu comigo Não acredito que isso aconteceu comigo
Não acredito que isso aconteceu comigo Não acredito que isso aconteceu comigo
Não acredito que isso aconteceu comigo Não acredito que isso aconteceu comigo
Não acredito que isso aconteceu comigo Não acredito que isso aconteceu comigo
Não acredito que isso aconteceu comigo Não acredito que isso aconteceu comigo
Não acredito que isso aconteceu comigo Não acredito que isso aconteceu comigo
Não acredito que isso aconteceu comigo Não acredito que isso aconteceu comigo
Não acredito que isso aconteceu comigo Não acredito que isso aconteceu comigo
Não acredito que isso aconteceu comigo Não acredito que isso aconteceu comigo
Não acredito que isso aconteceu comigo Não acredito que isso aconteceu comigo
Não acredito que isso aconteceu comigo Não acredito que isso aconteceu comigo
Não acredito que isso aconteceu comigo Não acredito que isso aconteceu comigo
Não acredito que isso aconteceu comigo Não acredito que isso aconteceu comigo
Não acredito que isso aconteceu comigo Não acredito que isso aconteceu comigo
Não acredito que isso aconteceu comigo Não acredito que isso aconteceu comigo
Não acredito que isso aconteceu comigo Não acredito que isso aconteceu comigo
Não acredito que isso aconteceu comigo Não acredito que isso aconteceu comigo
Não acredito que isso aconteceu comigo Não acredito que isso aconteceu comigo
Não acredito que isso aconteceu comigo Não acredito que isso aconteceu comigo
Não acredito que isso aconteceu comigo Não acredito que isso aconteceu comigo
Não acredito que isso aconteceu comigo Não acredito que isso acon-
teceu comigo Não acredito que isso aconteceu comigo Não
acredito que isso aconteceu comigo

Enfim consigo respirar

Sentada no chão do quarto
analisei minha situação.
Consegui me acalmar pensando:
Não estou machucada. Não fisicamente, pelo menos.
Não tinha quase nada na carteira.
Deixei o cartão do banco no quarto.
Vinte libras. Um cartão de viagem.
Mas me sinto péssima por perdê-lo.
O suado dinheiro do papai.
Parte das economias da Nani.
Não pertencia só a mim.
Não tinha sido só meu trabalho
que me trouxera até ali.
Era todo o dinheiro
que eu tinha separado para alimentação
e transporte para a semana inteira.
Não poderia nem pensar em ligar
para casa e pedir mais,
porque sabia que meus pais não tinham.
Não sabia o que fazer.
E mesmo assim não conseguia parar de pensar
que poderia ter sido pior.

Também não dormi naquela noite.
Fiquei sentada na cama,
segurando as cartas de tarotcontra o peito.
Todos os barulhos que vinham do escuro
me assustavam.

Minha primeira aula é logo cedo

Mas eu não quero ir.
Estou assustada demais para sair do quarto.

Pego o celular, querendo ligar para os meus pais.
Querendo falar com Indra.

E então penso que isso só vai causar
um oceano de preocupação

que cedo ou tarde acabaria
afogando a mim e aos meus planos.

Mamãe vai dizer: "Eu avisei".
Papai vai dizer: "Talvez você não devesse ter ido".

E se me pedissem para voltar
e contassem para Nani, que conseguiria me convencer?

Imagine se Lakshmibai e Rani de Jhansi
tivessem desistido antes de a rebelião começar.

Imagine se Sarojini Naidu tivesse desistido da luta pela liberdade
porque alguém a ofendeu com palavras racistas.

Imagine a vergonha que eu sentiria de mim mesma
se desistisse agora.

Então eu largo o telefone,
engulo o choro e o medo,

e, em um coquetel de confiança e coragem,
saio da cama e me arrumo para a aula.

Pego ônibus, e não metrô

É mais barato.
Penso em como passar esta semana
com apenas dez libras
das vinte que separei para me alimentar
na semana que vem.

Não deve ser tão difícil.
Apenas irei no Asda.
Posso comprar mingau e leite,
maçãs e feijão cozido.
Muito pão e ovos.

Isso deve bastar para a semana,
se eu souber economizar.
Penso em contar a alguém
o que aconteceu comigo.
Talvez à segurança do campus?

Eu deveria. Deveria contar,
assim nenhum outro estudante se machuca.
Me sentindo melhor, mais controlada,
respiro um pouco mais calma,
olho a chuva que cai sobre a cidade,

a cabeça encostada
no vidro frio da janela do ônibus.

O caminhão que me atropelou

A primeira aula é uma introdução ao curso,
e é difícil me concentrar.
As duas noites de insônia
começam a cobrar seu preço
e eu quase cochilo.

"Tudo bem?", uma voz suave pergunta.
"Parece que um caminhão
te atropelou." E eu acabo dando
risada. Olho para a dona da voz.
Ela tem olhos calorosos e brilhantes,

cabelo preto longo e lustroso e veste uma blusa
larga azul-bebê, calça jeans skinny e tênis.
"Tudo bem", respondo quando consigo falar.
"Não dormi muito bem."
Ela se aproxima de mim e sussurra:

"Foi por um bom motivo?".
Ela levanta sua sobrancelha perfeita e angulosa.
Rio de novo. "Quem me dera. Na verdade eu não me divirto muito."
Ela sorri, revelando
uma covinha fofa na bochecha direita.

"Não se preocupe. Sempre dá pra gente mudar isso."
Eu caio na gargalhada, chamando a atenção do professor.
"Silêncio, por favor",
ele diz, incomodado.
Abaixamos a cabeça e abafamos o riso.

Depois, enquanto guardamos o material,
ela se apresenta: "Sou a Joy."
"Paro." Estendo a mão
e sorrimos uma para a outra
como se já tivéssemos compartilhado um segredo.

"Você também está no curso de ilustração?"
Faço que sim e mostro meus horários.
De olhos semicerrados ela aponta para uma parte.
"Acho que temos a próxima aula juntas.
Vamos lá irritar mais um professor."

Joy

Ela tão incrível quanto seu nome, que significa "alegria", sugere.
Ela é aquele tipo de pessoa
que leva a luz do sol consigo
aos lugares que mais precisam.
Seu caderno de desenho é lotado
de retratos incríveis feitos com caneta e nanquim,
todos muito refinados e cheios de detalhes.

"Não acredito que você é caloura.
Seu desenho parece
de profissional",
digo a ela, completamente admirada
enquanto viro as páginas do caderno
na frente da sala. Ela brinca:
"Aposto que você diz isso para todas".

Eu fico vermelha. Será que ela sabe que sou bi?
Mas ela muda de assunto em seguida.
"Quero ver seu caderno."
Eu fico sem graça. "De jeito nenhum. Não depois
de ver como você é boa."
Ela pega o caderno da minha bolsa aberta,
eu finjo gritar, ela segura o caderno
longe de mim.

"Deixa, eu quero ver!"
Ela abre e vê
os desenhos de cartas de tarot
que tenho feito.
Por dentro, morro de vergonha,
vendo todos os defeitos em alta definição.
"Não sou muito boa.
Não tanto quanto você, pelo menos."

"Pare com isso", ela diz, me interrompendo.
"Nunca se compare aos outros."
Ela se vira e olha bem nos meus olhos.
"A comparação é uma forma de violência
contra você mesma. Ouviu?"
O que ela diz faz tanto sentido
que na mesma hora me vejo concordando.

"Bom." Ela sorri.
"Se vamos ser amigas,
não quero ouvir nada disso."

O braço da bruxa

É, graças a uma feliz coincidência,
o nome do pub em que a melhor amiga da Joy trabalha.
E, embora eu não possa dizer
por que estou sem dinheiro,
Joy me diz que vai me pagar um rum com Coca
ainda mais depois de descobrir
que eu nunca bebi álcool antes.
Joy diz: "Não é nada de mais,
só um pub típico de Londres".
Mas, como eu não sei
o que é um típico pub de Londres,
parece uma coisa que saiu
de um livro do Terry Pratchett
que li no avião vindo para cá
ou de um daqueles antigos filmes britânicos
que vi com a mamãe.
É um "pub caindo aos pedaços", segundo a Joy,
Grande, mas confortável, com cadeiras
de estofado de veludo floral que não combinam.
O piso de madeira que range é pintado de preto
e um monte de luzes, de cordões de luzinhas
a lustres, se esforçam para manter o lugar iluminado
e quase conseguem.
Também não está muito cheio,
então Joy e eu pegamos três
cadeiras que não combinam de jeito nenhum
e levamos até a lareira, e me esparramo ao me sentar,
sentindo como estou cansada.
Joy vai buscar os drinques.
Observo as chamas tremeluzindo na lareira
e fico tão relaxada que aos poucos sinto o sono chegando.

É hora do rum!

Ouço a voz de Joy e acordo com um pulo.
Abro os olhos e vejo o que parece ser um copo de Coca com gelo.

Ela bate seu copo no meu
e ambas tomamos um gole. Ela observa a minha reação

e ri quando sinto o gosto e faço uma careta.
"Tem só uma dose! Não se preocupe. Você se acostuma."

Fico feliz que ela não esteja chateada e, sinceramente,
fico feliz que meu primeiro drinque seja com Joy.

Ela tem um jeito tão compreensivo.
"Obrigada pelo drinque", eu digo, me lembrando dos bons modos.

Ela diz que não foi nada. "Da próxima você me paga um."
Depois da noite de terror, essa generosidade me dá vontade de chorar.

Antes que eu possa dizer isso, outra garota aparece do nada,
pula em cima dela e a abraça com força.

Joy a abraça e elas riem enquanto a outra menina
quase cai do colo de Joy.

"Paro, essa é a Alexia."
Alexia se aproxima e me dá um abraço apertado.

Alexia

Tem uma beleza que só se vê em pinturas,
cheia de cachos brilhantes e grandes olhos castanhos,

pele escura que reflete o dourado das chamas na lareira.
Uma roupa simples: camisa branca com mangas dobradas

e calça jeans, um sorriso fácil no rosto.
Ela é mais quieta do que Joy, gosta mais de ouvir do que falar,

mas tudo que ela fala é tão racional, e ao mesmo tempo cheio de paixão.
Ela estuda cinema, e me diz:

"Quero que meu trabalho crie
um espaço novo, em vez de preencher um espaço que já existia".

E só essa frase me faz pensar por horas a fio.
Seu último curta discute como o mundo seria

se todos os seres humanos de fato aprendessem a ouvir uns aos outros
e deixassem a empatia guiar a sociedade, e não o dinheiro.

Essa ideia me parece mágica.
Consigo entender por que Joy e ela são amigas.

Elas mostram gentileza e cordialidade de duas maneiras únicas.
Elas se chamam de "deusa" e "rainha".

Mulheres que se amam dessa forma celebram
a sororidade de um jeito que eu nunca tinha visto.

Joy me tira do meu devaneio quando avisa:
"A Paro é da Índia e está estudando ilustração comigo!".

Joy se vira para mim. "Mostra pra ela seus desenhos do tarot."
Eu quase desconverso: "Ahn... não, eles...".

Ela franze o cenho.
"Não começa a se colocar pra baixo de novo."

Eu finjo que faço bico e lhe entrego meu caderno.
Alexia folheia as páginas e seus olhos brilham.

"Que lindos! Nunca vi ilustrações de tarot como estas!
Quem são as figuras que você desenhou?"

Eu sorrio, gostando do elogio.
"São os deuses e deusas da mitologia hindu."

Ela olha o caderno por mais um minuto
e pergunta: "Você lê tarot?".

"Leio", eu digo. "Todas as mulheres da minha família leem."
Joy e Alexia se entreolham e voltam a me olhar.

"Você vai ler pra gente?", elas falam quase em coro.
Eu paro por um instante. Nunca li tarot para ninguém

além de mim e do meu irmão.
E se eu não souber ler para outras pessoas?

E se eu acabar deixando-as ansiosas com a leitura?
Ou apenas ler errado?

Mas as duas estão tão empolgadas esperando minha resposta
que não sou capaz de dizer não.

Então tomo um longo gole da bebida para criar coragem e digo:
"Claro. Que tal amanhã no meu apartamento?".

Sotaques

Quando giro a chave do apartamento,
ouço uma música baixa tocando lá dentro.

Percebo que nem conheci meus colegas
porque ontem eu só quis sair correndo.

Sigo a música até a cozinha.
Há três pessoas lá,

e todas parecem simpáticas,
pelo menos umas com as outras.

Vou até a geladeira em silêncio para guardar o leite que comprei.
A garota ao lado do fogão me vê.

"Oi! Eu sou a Jen." Ela tem olhos azuis-claros
e está usando um avental florido da Cath Kidston.

"Paro."
Eu aperto sua mão.

"Ai, eu adoro seu sotaque", ela me diz.
"De onde você é?"

"Da Índia." Eu digo, embora a Índia seja um país imenso.
As pessoas na Caxemira são diferentes das pessoas

de Punjab, Kerala, Bengala ou Rajasthan.
Cada estado tem uma culinária e uma língua diferentes.

Mas é difícil explicar tudo isso,
então eu só digo "Índia".

"Ah, você é da Índia?",
pergunta um menino de cabelos louros caindo sobre os olhos.

"Que demais. Eu estive em Déli uma vez.
Jonathan. Prazer em conhecê-la."

"Prazer também." Eu relaxo e sorrio de leve.
"Meus pais moram em Déli. Aonde você foi?"

A garota branca que vejo de canto de olho,
de cabelo pintado de preto e óculos

de repente começa a rir e os outros dois a encaram.
"Desculpa. É que você fala meio engraçado.

Você mistura os Vs e os Ws.
Você fala os "efes" e os "vês"
de um jeito engraçado", ela diz, rindo.

Fico sem ação. Depois respiro fundo para me acalmar
e volto a guardar minhas compras.

Quando me viro, ela está pegando o celular.
"Você pode dizer 'Oi, como vai?'"

Ela fala como o personagem indiano de Os Simpsons, Apu.
Ninguém que eu conheça fala assim.

Parece que ela vai fazer um vídeo,
e eu não sei o que dá em mim,

mas olho para ela com frieza e,
pronunciando cada palavra devagar, eu aviso:

"Eu não sou uma curiosidade indiana feita pra te entreter".
Ela abaixa o telefone e revira os olhos.

"Calma.
Era brincadeira. Caramba!"

Não digo nada. Olho para Jen e Jonathan,
mas eles estão ocupados cozinhando.

Depois de alguns minutos tensos, volto para o meu quarto,
ligo para a segurança do campus e falo sobre a noite passada.

O homem me diz: "Obrigado por nos avisar.
Lamento que isso tenha acontecido com você", mas não diz mais nada.

Mais tarde, me sento diante da minha mesa com um caderno novo.
Quero escrever para aliviar todo esse peso que estou carregando.

Mas a caneta não se move.
Nenhuma palavra surge.

E eu percebo que, quando abandonei a poesia,
talvez ela também tenha me abandonado.

Se eu ainda conseguisse escrever poesia, eu escreveria: bilíngue

Tenho duas línguas na boca.
Uma é minha língua materna, a língua da terra e da família.
A outra é a dos colonizadores, da guerra e do sangue.

Às vezes acho que minha boca é pequena demais para as duas.
Eu troco as sílabas. As palavras parecem truncadas.
Quanto mais falo inglês, mais o hindi se ressente.

"Como se fala 'dil' em inglês?",
eu perguntava à minha mãe quando era pequena.
Ela beijava minha testa e dizia: "heart". Coração.

Agora eu sinto que estou sempre procurando as palavras
em hindi e só as encontro em inglês.
Também preciso aprender a equilibrar as duas.

Tenho duas palavras na minha cabeça para mãe,
duas palavras para Deus, duas palavras para país,
duas palavras para amor.

Todas são bênçãos —
minhas emoções cantam
uma canção de duas vozes —

e não importa se não consigo pronunciar perfeitamente
as palavras em inglês. Eu levo minhas raízes na língua.
A maneira como falo é uma homenagem ao lugar de onde vim.

Por isso, me recuso a deixar que me diminuam assim.

O apartamento de Joy

Decido não trazer Alexia e Joy para meu apartamento.
O acontecimento de ontem me deixou insegura.
Minha casa deixou de ser um lugar seguro e se tornou um lugar
onde fico.

Então pego as cartas, coloco na mochila
e vou para o apartamento de Joy, onde ela mora com os pais.
Dou de cara com Alexia na entrada do prédio.

Alexia me cumprimenta com um abração. Parece
que a gente se conhece desde sempre,
e não que só nos vimos uma vez.

"Você vai amar a mãe da Joy",
ela diz enquanto subimos as escadas.
Ela não pergunta por que mudei nossos planos.

Batemos na porta de número 70. Esperamos e batemos de novo.
Ouvimos Joy gritar: "Estou aqui! Estouaquiestouaquiestouaqui!".
Ela abre a porta, usando um moletom de capuz rosa com manchas
de tinta.

Alexia coloca as mãos na cintura.
"Sempre atrasada! Você sabia que a gente estava chegando!"
Joy ri e a abraça. "Eu esqueci. Estava pintando."

Eu faço uma cara de sofrimento exagerada
e coloco a mão na testa.
"Fiquei tão magoada!"

Todas caímos na gargalhada, e de repente uma voz grita:
"Vocês vão continuar rindo feito bruxas
ou vão entrar e dizer oi?".

"Sim, mãe!", Joy revira os olhos e nos convida a entrar,
e nós a seguimos pelo corredor amarelo e alegre,
cheio de fotos de família, até a cozinha,

de onde vem o delicioso aroma de especiarias.
Uma mulher alta e esguia de vestido floral azul e branco
se vira para nós. Ela parece uma versão um pouco mais velha de Joy,

a mesma pele escura, o mesmo sorriso simpático, as mesmas lindas covinhas.
Ela abraça Alexia e me olha. "Você deve ser a Paro."
Eu faço que sim e a abraço. Ela diz: "A Joy fala muito de você".

"Só coisas ruins", Joy me promete,
depois uiva de brincadeira quando sua mãe puxa sua orelha.
"Não ouve essa daqui. Ela adora tirar sarro."

A verdade sobre mães que amam suas filhas

É que você percebe no instante
que as conhece a forma como elas nos levam
nos braços mesmo depois de adultas.

A forma como nos ensinam que o mundo pode não ser justo,
mas ainda é nosso, e que podemos moldá-lo
ao nosso gosto.

Elas mudam quem são
para aprender a aceitar quem somos
e continuam nos nutrindo mesmo quando discordam.

O amor dessas mulheres evolui e nos faz crescer
e elas não querem que sejamos um reflexo delas,
mas quem realmente somos e quem devemos ser.

Foi isso que senti
quando vi Joy
com sua mãe.

A leitura

O quarto de Joy é perfeito para uma leitura de tarot.
As paredes são azul-claras e repletas
de suas belas ilustrações.

O trabalho de Joy celebra
as mulheres negras, e seu projeto dos sonhos
é pintar mulheres negras de todas as regiões de Londres.

No cavalete que ela tem em seu quarto
há um retrato azul e rosa muito detalhado
de uma menina de 7 anos que é sua vizinha.

Fico fascinada olhando a pintura por alguns instantes,
perdida nas cores, até que Joy pergunta: "Pronta?",
e eu saio do transe onírico e faço que sim.

Ela acende uma vela branca porque eu pedi,
e nós três nos sentamos na cama
de mãos dadas e fazemos uma oração

para pedir a proteção
do universo.
Eu embaralho as cartas

e começo por Alexia. Faço o ritual.
Depois peço que ela faça uma pergunta.
Ela pergunta sobre a sua vida amorosa.
Espalho as cartas diante dela
e peço que escolha três.
Ela escolhe:

Ás de Paus: momento passado.
"Alguém entrou na sua vida há pouco tempo.
Um novo começo cheio de paixão."

Cinco de Copas: momento atual.
"Ou um ou ambos estão perdidos em
arrependimentos e não veem o que está à sua frente."

Cavaleiro de Copas: momento futuro.
"Uma oferta de amor virá em breve.
O cavaleiro traz um cálice."

Alexia me olha, surpresa.
"Você vê isso nas cartas?"
Eu devolvo as cartas ao baralho com gestos nervosos. "Elas acertaram?"

"Eu ando brigando com minha namorada",
ela diz depois de uma pausa. "Por um motivo
que agora parece bobo. Posso perguntar mais coisas?"

De repente me acalmo. Eis que sei muito bem ler para as pessoas.
Posso ajudá-las, inclusive. "Claro. Só não se esqueça
de que as cartas mostram uma dentre infinitas possibilidades."

Joy, que está encostada na cabeceira
da cama, pergunta:
"O que isso significa?".

"O tarotnos mostra caminhos
e nossas decisões levam a caminhos infinitos.
As cartas nos fazem ver os problemas com mais lucidez, mas não adivinham nada."

Alexia e Joy se entreolham.
"Ensina a gente a ler tarot?"
Eu abro um sorriso largo. "Claro! Mas antes vou ler para você, Joy."

A dor de Joy

Joy parece ansiosa, e isso nunca acontece.
Vejo em sua expressão. Sem sorriso, sem covinhas, sem tranquilidade.
Quando ela se senta de pernas cruzadas à minha frente,

ela parece contida.
"Tem certeza de que quer fazer isso?",
pergunto, um pouco preocupada.

Ela faz que sim. "Eu só quero saber
se ele vai voltar pra minha vida."
Atrás dela, Alexia franze o cenho.

Não pergunto a quem ela se refere.
De qualquer forma o tarotrevelaria tudo.
Embaralho as cartas,

murmurando baixinho a pergunta de Joy.
Então peço que ela segure o monte
e faço o mesmo ritual que fiz com Alexia.

Faço uma oração bem especial
porque Joy parece tão apreensiva.
Espalhando as cartas diante dela, peço que escolha.

O Diabo: momento passado.
"A pessoa sobre a qual você está perguntando era cruel
e havia algo de tóxico nessa relação."

Seis de Copas: momento atual.
"Cuidado com a nostalgia, porque ela pode levar você
de volta para ele."

Ás de Copas: momento futuro.
"Se você seguir seu curso, um novo amor
e novas conexões profundas virão em sua direção."

Encaro Joy e vejo lágrimas em seus olhos.
Elas escorrem pelo seu rosto e ela parece muito frágil.
Pego suas mãos e pergunto com ternura: "Quem magoou você, Joy?".

E ela me conta, enquanto Alexia a abraça.
"Ele foi meu primeiro namorado. Ele me traiu e mentiu
tantas vezes, mas eu nunca descobri. Ele ainda me liga."

Suas lágrimas se transformam em soluços,
e Alexia e eu a abraçamos com força
e deixamos que ela chore.

"É minha culpa. Eu deveria ter desconfiado."

Ela suspira quando os soluços ficam mais fracos.
Eu olho para ela, surpresa: "Claro que não, Joy.
Você não fez nada errado. Foi ele quem te magoou.

É ele quem merece levar a culpa".
Alexia concorda. "A Paro tem razão. Isso não é culpa sua."
Ficamos em silêncio por alguns minutos

até que Alexia diz:
"Quer que a gente quebre a janela do carro dele?".

Joy abre um sorriso.
"Não, não façam isso."

"Tá, e se a gente só furar os pneus?",
eu sugiro, e Joy ri um pouco. "Não."

"Tá, vamos ser boazinhas. Só vamos quebrar o PlayStation dele",
eu digo e Alexia faz que sim, animada.

Quando paramos de pensar
nas pegadinhas que podemos fazer com o ex da Joy,
o quarto já está repleto de risadas.

Ligando para a mamãe

No caminho para o apartamento,
não consigo parar de pensar na mamãe.

Sei que não temos estado tão próximas,
mas de repente sinto saudade dela.

Ao ver Joy com sua mãe,
senti uma falta terrível da minha.

Nosso relacionamento pode não ser perfeito,
mas há muito tempo

ela me contava histórias.
Ela me transformou na pessoa que sou.

Quando volto,
pego meu celular na bolsa.

Ainda são só 10 horas em casa.
Ela deve estar sentada com o papai

assistindo a um programa de tv de que ela gosta depois do jantar.
Eu fecho os olhos e imagino meus pais

e minha casa, meu irmão fazendo comentários bobos
sobre o que estão assistindo.

Minha mãe jogando almofadas nele
e meu pai gargalhando dos dois.

Pressiono o botão "contatos",
encontro seu número.

Pressiono "ligar".
"Beti Rani?" Sua voz preenche meus pensamentos

enquanto seguro o aparelho no ouvido.
Ela não me chama disso desde que eu era pequena.

"Oi, mamãe. Tudo bem?"
Ouço a tv ao fundo,

o murmúrio distante do meu irmão
conversando com meu pai.

"Tudo bem com a gente. Indra está fazendo trapalhadas.
Estamos assistindo àquele filme novo de Shah Rukh Khan.

Hoje a Damini veio nos visitar com a mãe dela.
Agora ela sabe falar inglês fluente

e a loja delas está sendo um sucesso.
Agora elas têm uma casa.

Ela disse que sente sua falta.
Indra ficou emburrado e disse que ela sempre gostou mais de você."

Eu rio,
mas o riso parece mais um soluço.

"Você está bem, meu bebê?", ela pergunta,
agora com uma voz preocupada.

Não estou. Gostaria de poder te dizer,
mas não quero te preocupar.

Lamento não ter passado mais tempo com você.
Mal posso esperar para te abraçar de novo.

"Tudo bem, mamãe."
Em seguida, acrescento: "Só liguei pra dizer que estou com saudade".

Ela fica quieta. Por um segundo penso
que ela pode ter desligado.

Mas então ela fala,
com uma voz cheia de emoção:

"Também estou com saudade".

O primeiro mês

Li em algum lugar que o primeiro mês
da faculdade é o mais difícil.

Depois disso, você se ocupa.
Não chegam a dizer que fica mais fácil.

Só que você se ocupa — com o trabalho, com a vida, com os estudos.
Eu dei sorte. Tenho amigas que me fazem feliz.

Vejo Devon pelo campus
e de vez em quando paramos e conversamos.

Sou muito tímida para dar o primeiro passo.
Fora que ele sempre está com outra garota.

Então eu me concentro na minha arte
e nas minhas novas amigas.

Joy, Alexia e eu temos os mesmos olhos castanhos
e uma risada pronta para as piadas que a outra faz.

E todos os dias agradeço ao universo por elas.
Somos inseparáveis. Vemos filmes.

Cozinhamos umas para as outras. Fazemos arte juntas.
Joy e eu aparecemos no novo filme da Alexia,

e Alexia posou para as nossas ilustrações no estúdio.
Falamos das nossas famílias e de amor.

Conto a elas sobre Mahi. Conto que parece
que o amor me abandonou no dia

em que meus pais descobriram que eu era bi.
Que já fui próxima da minha mãe,

mas agora parece que mal nos conhecemos.
Alexia me conta como foi difícil

se assumir lésbica para seu pai, que é muito religioso.
Ele não fala com ela até hoje.

Eu fico pensando nisso.
Pelo menos a mamãe ainda fala comigo.

Alexia acredita que a relação com o pai
ainda pode melhorar, ainda que haja dias

em que ela sente que começou a esquecê-lo,
e eles sempre foram tão próximos.

É estranho como nossos pais nos determinam,
mesmo no trauma de sua ausência.

Joy conta que seu avô faleceu
quando ela era muito pequena,

e ainda sente que ela e seu pai
estão de luto. Era o avô quem unia os dois.

Falamos sobre a Inglaterra. Barbados. Nigéria. Caxemira.
À medida que andamos por Londres, transformamos a memória
viva em arte.

Eu enfim conto a elas o que aconteceu
no apartamento e na rua escura.

"Eu fiquei chocada
quando vi que ninguém ia fazer nada."

Joy está andando ao meu lado, pensando longamente.
"Não deixe isso consumir você, linda. Isso vai te matar."

Eu paro de andar e fico olhando para ela.
"Então você está dizendo pra eu me acostumar com isso?"

Joy também para e balança a cabeça. "Nunca.
Eu nunca diria isso, você sabe disso.

Estou dizendo para você transformar isso em arte. Estou dizendo:
faça o que eu faço. Conte essa história através do seu trabalho, Paro.

Use seu trabalho pra mudar o mundo."

Alexia se aproxima e aperta minha mão.
"Nunca, nunca se acostume com isso.

Transforme essa revolta em combustível."

Sam me liga

Pouco antes do fim do mês.
Ele está em Washington D.C.,
estudando medicina em Georgetown.

Então, quando ele me liga às três da manhã
em uma terça e me acorda,
eu não fico muito feliz.

"Sammm... são três da manhã",
reclamo, com olhos tão pesados que quase não se abrem.

"Paro. Escuta. Eu saí."
Sua voz está nervosa, mas animada.

"Saiu de onde?",
eu pergunto, abrindo um olho só um pouco.

"Saí de Georgetown",
ele diz alto, por sobre o burburinho das pessoas ao fundo.

"O quê?!"
Agora eu me sento. De repente acordei.

"Então eu tive que sair. Não quero ser médico."
Atrás dele, um comunicado quase encobre sua voz.

"Onde você está? Você está bem?"
Agora estou preocupada, tentando pensar no que fazer.

"Sim! Eu vou fazer o curso de belas-artes!"
Ele ri, com alegria impregnada nas palavras.

"Sam! Que maravilha!",
grito, e alguém bate na minha parede.

Eu me encolho e falo mais baixo.
"Qual universidade?"

"risd. Vou estudar pintura!"
Sua alegria está no auge, e eu não consigo não sorrir.

"Estou tão feliz por você. Você merece tudo de bom",
eu digo, em tom carinhoso, e envolvo meus joelhos com os braços.

"Ainda não contei para a minha mãe",
ele diz em tom preocupado.

"Ela te ama, e vai superar quando você ficar famoso",
digo a ele com sinceridade e o ouço rir.

"Tomara."
Ele parece ansioso, mas feliz.

"Você está no aeroporto?",
pergunto.

"Sim, e agora tenho que pegar meu voo!"
Ouço Sam mexendo em suas malas.

"Sam?",
falo baixinho.

"Só pra você saber:
estou muito orgulhosa de você."

"Obrigado, Paro. Eu sabia que você ia gostar."
E consigo ouvi-lo sorrindo do outro lado da linha.

Em vez da carne assada de domingo

Existe um legado silencioso
que hoje em dia pratico como ritual aos domingos.

Quando as pessoas aqui preparam
sua carne assada de domingo,

eu acordo cedo
para marinar a carne para fazer Rogan Josh.

Pego o leite, o arroz
e as amêndoas para fazer phirni doce.

Tiro os temperos do armário
e os organizo com cuidado perto do fogão,

e enquanto isso vejo um por um —
coentro, cravo, louro, cardamomo, canela —

me lembro das histórias que Nani me contava.
E de repente volto a ter 11 anos

e estou cozinha da minha Nani,
perfumada com essas mesmas especiarias,

aprendendo sobre amor, perda e a história da minha família
mergulhada em heroísmo e força por meio dessas receitas.

Podemos ter perdido tudo na Partição.
Mas pelo menos mantivemos as raízes nas receitas.

Transforme essa **revolta** em combustível

A visita

Talvez seja porque
fico mais melancólica aos domingos

ou talvez seja porque
fiz phirni com badam pista

para lembrar da Nani,
mas naquela noite, às duas da manhã,

quando a luz da lua entra,
passando delicada pela persiana,

vejo Ganesha aparecer no meu quartinho.
O deus elefante sempre jovial

de quatro braços. Ele não vem em sua forma completa,
e sim como uma pequena estátua que ganha vida ao lado da cama.

Essa visita é diferente.
Um lado meu sente que já o conhece.

Os outros eram um mistério, enigmático,
mas ele me parece familiar.

Já sei o que ele vai falar
muito antes de ele falar.

"Deixe-me contar uma história."

A sétima história

Existe segurança no vazio. O útero celestial no qual flutuei por milhares de anos sem fazer nada além de ser energia. Nós todos flutuamos pelo cosmos, sem consciência de nós mesmos, antes do nascimento chegar para nos levar. Meu nascimento foi incomum, mesmo para os padrões celestiais. Não nasci com cabeça de elefante. Isso aconteceu depois. Meu pai tinha ido para sua penitência, e a penitência durou anos. Minha mãe, uma deusa, fez a silhueta de um menino com pasta de açafrão. Quando terminou sua obra-prima, ela lhe deu a vida com um sopro.

Essa foi minha origem. Por anos, fui o único protetor de minha mãe, conforme ela havia me pedido. Quando ela dormia, eu zelava por ela. Quando ela ia se banhar na montanha sagrada, eu a protegia para que ninguém pudesse vê-la. Eu não conhecia nenhum homem ou mulher, nenhum outro ser além dela. De forma que, anos depois, quando meu pai voltou, de pele azul, com uma cobra em volta do pescoço e um rio caindo de seus cabelos, eu não o conhecia. Não sabia que meu próprio pai era o grande deus destruidor Shiva. E, para nossa tristeza, ele também não me conhecia. Quando o vi se aproximar, eu voltei à minha posição, impedindo que minha mãe fosse vista durante o banho.

"Deixe-me passar, criança. Quero ver minha esposa."

Eu não me mexi. "Não posso. Minha mãe me disse que ninguém pode entrar."

Meu pai não era conhecido por ter um temperamento fácil. Não demorou para que a impaciência e a revolta por ter sido impedido de entrar em sua própria casa por um menino esquisito o dominassem. Em um acesso de fúria, ele ergueu seu tridente, decepou minha cabeça e entrou na montanha. Lá eles se reencontraram, e foi só mais tarde que minha mãe saiu e encontrou meu corpo no chão. Diz-se que o mundo inteiro ouviu seu desespero. Ela revelou minha identidade ao meu pai e lhe disse que ele tinha acabado de cometer o maior desequilíbrio celestial ao matar o próprio filho.

Ao descobrir quem eu era, meu pai se viu dominado pelo arrependimento e pelo pesar. Sua dor só cresceu quando ele soube do meu amor incondicional por minha mãe, e que, mesmo quando criança, eu teria sido capaz de perder minha vida para proteger sua honra.

Poucos sabem disso, mas, embora se zangue com facilidade, meu pai também gosta de agradar. Na mesma hora, ele pegou sua esposa nos braços e prometeu que lhe traria seu filho de volta. Ele chamou seu touro, Nandi, e lhe disse para trazer de volta a cabeça do primeiro animal que a oferecesse. Nandi encontrou um filhote de elefante e rezou para ele, pedindo sua cabeça, e, em troca, ele se tornaria um ser eterno em Devlok. O filhote entregou sua cabeça e sua vida mortal, e Nandi voltou com ela nas mãos.

E então meu pai colocou a cabeça do filhote de elefante no meu corpo e me ressuscitou. E, embora o coração da minha mãe estivesse cheio de alegria, e ela tivesse me abraçado, e eu me regozijasse com seu amor, algo ainda feria seu coração. Meu pai conhecia minha mãe muito bem, e sabia o que havia se infiltrado em sua mente e cravado suas garras em seus pensamentos. Ela se perguntava quem iria aceitar um deus com cabeça de elefante. Então meu pai convocou todos os deuses e lhes pediu que me abençoassem. Ele me assumiu como seu próprio filho e me deu meu nome, Ganesha, Ganpati. Recebi a bênção de ser o primeiro a ser adorado, antes de qualquer outra deusa ou deus.

O amor da minha mãe me deu a vida não uma, mas duas vezes, e me tornou o deus que sou.

Depois da sétima história

Paro: A gente já se conhece?

Ganesha: Todos nós já nos conhecemos. É assim que a reencarnação funciona.

Paro: Não, eu quero dizer... deixa pra lá. Você está me dizendo que preciso fazer as pazes com minha mãe?

Ganesha: Não é preciso fazer as pazes se um relacionamento ainda existe. Você precisa reconstruir o que havia antes. Cabe a você fazer isso. Seu dharma.

Paro: Talvez pra você seja mais fácil falar isso, considerando quem é sua mãe.

Ganesha: Mas meu relacionamento com meu pai só começou depois da minha morte. E através da generosidade e do perdão nosso vínculo ficou cada vez mais forte.

Paro: Você já sentiu algum ressentimento? Algum dia sentiu falta da sua cabeça humana?

Ganesha: Não. Nunca. Pois se eu não tivesse esta cabeça, eu nunca teria sido capaz de criar um dos meus maiores tesouros.

Paro: Qual?

Ganesha: Quebrei minha presa e a usei para escrever o Mahabharata.

Acho que talvez eu entenda

Por que eles continuam me visitando.
Mas a verdade está escondida
na minha visão periférica.

Toda vez que penso que a vi,
ela me escapa como o crepúsculo
escorrega das mãos do dia.

Anos atrás, minha mãe me deu um anel
com uma imagem de Ganesha esculpida.
Eu o levava para todos os lados.

Mas hoje é a primeira vez que o ponho no dedo.

Descobertas

Comecei a fazer
maratonas de ilustração que duravam um dia inteiro
para perder a noção do tempo de propósito
quando tinha 15 anos.

Deixar o trabalho me consumir
era a única maneira de esquecer Mahi.
Até que essa ideia deu certo.
A dor diminuiu à medida que eu pensava menos nela.

Eu deveria ter desconfiado
que as coisas que enterramos
sempre voltam
para nos assombrar.

Hoje, estou criando Saraswati,
a deusa da sabedoria e do intelecto,
como a Alta Sacerdotisa do tarot.
Enquanto adiciono estrelas ao plano de fundo,

meu celular *toca*
e meu coração vai parar na boca.
Suspirando, pego o aparelho
e meus olhos buscam a tela.

É uma solicitação de amizade.
De Mahi.

Eu solto o pincel,
deixando uma mancha feia de tinta branca
na pintura perfeita,
mas nessa hora eu nem noto.

Minha barriga dói
enquanto olho a notificação.
Por fim, com o coração acelerado,
abro o perfil dela.

Ela está em Mumbai.
Estudando Bioquímica.
Eu olho sua lista de amigos
e não vejo Priya nem Shalini.

E ela ainda é a mesma
menina-deusa de que me lembro.
Na foto de perfil ela aparece
sentada na areia

de uma praia ensolarada, uma bebida na mão.
Ela olha de soslaio para a câmera,
os olhos ainda parecem duas pérolas brilhantes
... e cheias de segredos.

Estou prestes a largar o telefone
para respirar fundo e me acalmar
quando algo me chama a atenção.
Sua mão está segurando a bebida...

... Abro a imagem e a amplio,
aperto os olhos para ver melhor.
Lá, pixelado em seu polegar,
consigo ver o anel.

O anel que dei para ela em Dilli Haat.
Ela o guardou esse tempo todo.
Meu coração dói ao ver
que não fui a única a sofrer e me arrepender.

Meu dedo paira sobre o pedido de amizade
E aperto
Aceitar

As coisas que enterramos sempre voltam para nos assombrar

A prova (ou o dia que tem me causado pesadelos há meses)

Poucas palavras podem descrever
o pavor que revira o estômago
quando você vai para sua primeira prova.

Uma nota ruim vai partir o coração do papai mais do que o meu.
Uma nota ruim pode me fazer ser reprovada nessa matéria.
Uma nota ruim pode...

"Paro Mad-erra?"

"Por que nunca conseguem pronunciar meu sobrenome?",
eu resmungo, levando meu portfólio para a sala de aula.
Tanto a chefe do departamento quanto a minha professora

Estão com roupas de tons escuros:
peças cinza e pretas.
Tento não pensar em Yama,

o deus da morte, pairando sobre as cinzas
dos meus sonhos e pretensões artísticas,
o búfalo que ele monta berrando furioso para mim.

Minha professora, Jane, é mais velha,
e fica parecendo uma profissional toda perfeita de terninho
que a gente quase esquece que é professora de Artes.

Sharon, a chefe do departamento, costuma usar rosa-claro
e azul-turquesa e uma presilha esquisita em seu cabelo louro e curto.
Ela vive animada, feliz; é estranho vê-la assim.

"Mostre seu processo no projeto de..."
Jane faz uma careta ao ver a lista.
"Cartas de tarotinspiradas na mitologia."

Me parece um mau sinal que ela não consiga
lembrar de cabeça o que estou fazendo.
Isso quer dizer que minha proposta não impressionou.

Tentando não entrar em pânico, pego meu trabalho com cuidado.
Elas o observam, e meu corpo parece tão instável
quando uma balsa precária em um lago.

Basta um empurrão
para eu

      A
          F
              U
                   N
                       D
                            A
                                R

Depois de alguns minutos de angústia
que mais parecem horas,
Jane diz:

"São bons.
      Mas grandes artistas não se contentam com o que é 'bom'".

Nota D

"**Eu não acredito.**"
Alexia se senta ao meu lado na mesa,
jogando sua bolsa em um canto.
"Como se atreveram a te dar um D?"

Joy foi pegar bebidas para nós
enquanto esperamos na mesa do canto de um pub.
Estou chateada. Vou do
intenso desespero à raiva, passando pelo ódio de mim mesma;

e tudo isso acontece em uma questão de segundos.
Parece que me roubaram o propósito de vida.
"Pelo visto sou boa, mas não ótima",
eu digo, com um tom amargo, encostando a testa na mesa.

Joy volta trazendo as bebidas.
"Sabe quantos
grandes artistas ouviram que não eram ótimos?"
Bebo um gole e respondo, emburrada:

"Mas muitos artistas bons nunca
se tornaram artistas ótimos".
Elas trocam olhares, e Alexia
me encara com uma expressão gentil.

"É só seu primeiro ano...
Você pode provar que elas estão erradas."
Abaixo a cabeça com ar triste,
mas não digo nada.

"Eu sei o que vai te animar!"
Joy bate a mão
na mesa.
"Vamos sair!"

Sair e curtir

Levou um tempo para eu entender o que isso significava,
mas Jonathan, que mora comigo, me explicou.

"É quando você sai à noite,
mas não marca nada para o dia seguinte,

porque vai ficar até tarde
e a festa vai ser boa."

Então acho que sei o que me espera
quando todas vamos para casa para nos trocar.

Estou terminando de vestir minha calça jeans
quando ouço alguém bater à porta

Joy e Alexia chegaram.
Abro a porta e as deixo entrar.

"A gente nem combinou",
Joy comenta enquanto nos olhamos.

Estamos todas de jeans preto
e botas de salto alto.

Joy colocou uma regata branca.
Eu, uma blusinha canelada preta.

Alexia, que está de colete listrado, dá risada.
"A Beth vai falar que a gente parece uma girl band."

Beth é a namorada da Alexia. Ela é escultora
e a relação das duas é cheia de altos e baixos.

Elas vivem ou brigando
ou fazendo declarações de amor muito loucas.

Uma coisa é certa: a noite não vai ser chata,
eu penso no caminho para Soho.

As ruas de Londres são surreais à noite,
como se fosse um País das Maravilhas que um dia foi floresta

e virou concreto. Luzes de neon, lá longe a trilha sonora
das sirenes e pessoas rindo e gritando ao mesmo tempo.

Quando chegamos ao Soho, quase dou risada
porque o nome do primeiro lugar em que entramos é

O Buraco do Coelho.

O incidente

Não seja uma presa fácil.
Essa frase ecoa nos meus ouvidos,
pulsando mais alto que a música.

Isso me pega de surpresa.
Não sei por que estou pensando nisso.
Alexia sai para procurar Beth.

Não seja uma presa fácil.
As palavras do papai não saem da minha cabeça.
Joy percebe a minha cara. "Tá tudo bem?"

Faço que sim e grito: "É que a música está muito alta!".
Eu me sinto mal por mentir,
mas seria pior se eu fosse embora de repente.

Em vez disso, observo o ambiente.
A pista de dança está cheia de gente,
um globo espelhado estilo anos sessenta gira no teto.

Tem pessoas em pé nos cantos.
Elas se beijam e não param por aí.
Desvio os olhos e procuro outras coisas.

O bar é todo iluminado em azul
e as pessoas se amontoam em volta do balcão,
se empurrando

para chamar a atenção do bartender.
Alguém puxa meu braço e me viro de repente,
mas é só a Alexia. Ela me entrega um drinque.

"Obrigada!" Eu pego a bebida.
"A próxima é por minha conta!"
Tem um cara de terno tentando conquistar a Joy.

Eu abraço a Beth.
Ela tingiu a ponta dos cabelos de azul
e está parecendo uma sereia.

Digo isso a ela, e ela ri.
"A Al disse a mesma coisa."
Gosto desse apelido que a Beth inventou.

Algo especial que faz Alexia ser única.
Fico pensando se um dia alguém também vai
me dar um apelido.

Pago a próxima rodada de drinques,
até para o novo amigo da Joy,
só porque ele faz minha amiga sorrir.

Dançamos a música do Avicii que está tocando,
e por um momento esqueço de tudo.
Só penso na música que me atravessa.

Depois de um tempo preciso parar.
"Já volto!", eu grito para Alexia, que concorda com a cabeça,
e aponto para a placa do banheiro.

Andando por entre corpos suados
da pista de dança,
sinto que fico impregnada do cheiro

e dos perfumes alheios no caminho.
Mas então vejo um braço forte bloqueando a entrada.
"Oi", diz o dono do braço.

"Oi", eu respondo em voz alta. "Posso passar, por favor?"
Dá para ver que ele é mais velho, deve ter uns trinta,
tem um cabelo bem curto e usa uma camisa social.

"Não até você me passar seu número."
Reviro os olhos e sinto cheiro de álcool no hálito dele.
"Eu tenho 18 anos."

Ele me encara, se mexendo de um lado para o outro.
"Que bom. Eu gosto das novinhas."
Faço uma cara de nojo, passo por ele e...

sinto uma mão segurar meu cabelo com força
e me puxar contra seu corpo suado.
Paraliso quando ele sussurra no meu ouvido:

"Sua puta metida!".
Ele empurra meu rosto contra a parede.
"Agora fica boazinha."

Sinto sua mão grande e suada apalpando minha blusa
e outra tentando abrir o zíper da minha calça.
Isso não pode estar acontecendo!

O lugar está lotado,
como é que não tem ninguém vendo?
Mas a música está tão alta,

e tem tanta gente dançando, se divertindo,
você sabe como é fácil se perder na multidão.
Abro a boca, mas não sai nenhum som.

Volto a ter 7 anos, na feira, sem saber
o que vai acontecer.
Ele enfia a mão na minha calça

e eu ouço uma voz na minha cabeça:
Faça alguma coisa! Você não tem mais 7 anos!
Começo a me sacudir com força

e um grito me sobe à garganta,
mas com a outra mão ele tapa minha boca.
Minha mente acelera até que me lembro que estou de salto.

Levanto a perna o mais alto
que consigo e piso com toda a força no pé dele.
Ele grita e cai para trás.

Eu deveria correr, mas não.
Eu me jogo nele
e nós dois caímos no chão.

Eu chuto, eu berro,
eu mordo, eu arranho,
eu grito:

"quem você pensa que é?"
"quem você pensa que é?"
"quem você pensa que é?"

Ele geme alto de um jeito
que nunca ouvi
nenhum ser humano gemer.

Mãos fortes me tiram de cima dele,
me puxando com força pela cintura,
e na hora que a fumaça vermelha desaparece

eu vejo o estrago que causei.
Vejo o homem gemendo no chão,
vejo gente me olhando como se eu fosse louca.

A música parou.
Um segurança aparece para me acompanhar até a saída.
"Sai daqui!" Ele me empurra para a rua.

"Mas ele me agrediu antes!"
Já consigo sentir o hematoma que cresce no meu rosto
bem na parte que ele esfregou na parede.

Mas é tarde demais.
O segurança já foi embora e eu estou sozinha.
Pego o celular para mandar uma mensagem para minhas amigas,

mas estou tremendo e é difícil digitar.
Minha cabeça ainda apita.
Desisto e me sento na calçada.

Tem um lado meu que se orgulha porque me defendi.
Tem outro que sentiu medo do que sou capaz de fazer.
Há quanto tempo essa coisa estava escondida em mim?

Não seja uma presa fácil,
meu pai um dia me disse.
Será que agora a predadora sou eu?

A escuridão

É estranho como as ruas podem mudar.
Das luzes de neon azul-claro e algodão doce,
muita gente bêbada curtindo a noite,
ao perigo que se esconde em cada esquina,
sons de violência, uma boca de serpente
que dá o bote e te faz pular de repente.

Parece que minha pele não cabe mais em mim.
Percebo que está difícil respirar.
A tela do celular se acende.
É Alexia. "Paro, cadê você?"
Uma mensagem de Joy.
"Liga pra gente pfv."

Minhas mãos ainda estão tremendo muito.
Olho para o céu por um minuto,
esperando encontrar uma resposta,
mas não encontro nada.
Nenhum vislumbre
que me ajude a separar o certo do errado.

"A gente não vem porque você pede",
Shikhandi disse.
Engulo a raiva que me sobe à garganta,
respiro fundo e me levanto, meio tonta.
Uma lufada de enxofre chega de súbito.
Então eu a vejo, em pé sob um poste.

É uma deusa de pele azul,
Cabelos revoltos na brisa leve de setembro.
Olhos tão grandes cujo branco
se vê até de longe,
a língua vermelha para fora, as presas à mostra.
É ela. Kali.

Kali

As pessoas passam como se ela não estivesse ali,
mas está, e eu a vejo tão fácil.
Esqueletos em torno do pescoço, olhos fixos em mim.
Eu me aproximo até ouvi-la e sinto o enxofre subir.

"Você está mais velha." A voz dela reverbera.
É a mesma que ouvi dentro da minha cabeça
antes de avançar no homem da festa.
"Já tem idade para ouvir essa história."

A oitava história

Existe apenas uma deusa chamada carnificina. Uma só deusa que é a raiva em forma de mulher, e que causa tanto medo que as pessoas confundiram sua verdadeira história.

Existem três versões.

Em um dos contos, já nasci aterrorizante. Nos campos de batalha onde os deuses enfrentavam demônios, e nenhum deles queria fazer os demônios sangrarem, afinal, para que serviriam os deuses sem sua piedade tão característica? Então eu fui conjurada da cabeça da deusa Durga, com sede de sangue e revolta.

No segundo, nasci das cinzas. Quando Shiva enganou Mahadevi, a deusa mãe de todos nós, e fez com que lhe desse poderes, das cinzas dela eu surgi. Isso é algo que as mulheres fazem — somos capazes de ressurgir das cinzas a que os outros nos condenam.

No terceiro, nasci para ser a fúria incontrolável de todas as mães, do ventre da deusa do amor. Uma revolta no corpo de uma mulher quando ela encontrou seu filho decapitado, Ganesha. Travei guerra nesta terra, instilei destruição em tudo que aqui existia. Eu era a vingança que os deuses não podiam silenciar, por mais que tentassem. Eles tiveram que implorar e suplicar para que eu controlasse minha fúria e a deixasse de lado.

Os três contos são verdadeiros. E os três são mentirosos. Não importa. As pessoas vivem mentindo umas para as outras. Mentiras se transformam em boatos, boatos em lendas, lendas se transformam em mito, e deuses e deusas nascem. Por isso reencarnamos com tanta frequência. Para contar uma história diferente.

O que não muda é o nosso propósito. Eu nasci para dizimar os perversos da terra. Isso ninguém pode mudar.

Então agora contarei a você a verdadeira história.

Enquanto o senhor Vishnu dormia, dois demônios que presumiam que o mundo estava desprotegido atacaram Brahma e o mundo que ele acabara de criar. Seus nomes eram Madhu e Kaitabha. Eram forças malignas nascidas para destruir o mundo, o amor e o próprio universo. Eles queriam destruir tudo que existia. Minha irmã, a deusa Yoga Nidra, correu aterrorizada para a forma adormecida de Vishnu e implorou que ele despertasse para matar os demônios.

Mas o deus estava em um sono profundo, e de seus sonhos eu nasci. Em sua ausência, travei uma guerra contra Madhu e Kaitabha. Usei a raiva como arma, usei o caos como valentia, me tornei até a ilusão que eles desejavam para subjugá-los. Quando eu estava para acabar com eles, Vishnu surgiu e os massacrou. Dirão que não sou bela. E eu concordo. Essa nunca foi minha intenção.

Eu sou caos. A raiva diante da qual todos tremem. Carrego uma fúria tão poderosa que até os deuses têm medo de mim. Mesmo quando temos poder, querem que sejamos belas. Esperam que sejamos agradáveis, fáceis de digerir, como se fôssemos um petisco ou coisa que o valha, mas, minha querida, eu sou a prova de que não precisamos ser. Podemos ser um grito de guerra, uma violência. Podemos ser feias se assim quisermos. Difíceis de engolir. Incômodas aos olhos. Um incêndio nos ossos. Algo macabro que eles temem.

O que aconteceu com você foi a primeira de muitas tragédias pelas quais muitas mulheres passam, mas isso não precisa definir quem você é.

Você também pode ser como eu. Sou uma deusa da dualidade. Às vezes me sento em um trono de cadáveres, e às vezes os próprios deuses sustentam meu trono. Eu desafio o senso comum do que é feminino, tenho os cabelos bagunçados — a deusa da escuridão, mas também da fúria justificada. Eu posso ser o que for, que eles ainda acham difícil me aceitar. Sou um diálogo entre o carnal e o celestial. Permita-se ser como eu, e também se torne um enigma. Mas há um truque, minha querida. Preste atenção. Solte seus cabelos, aceite sua revolta e aprenda a manejá-la sem medo, como uma espada, contra aqueles que a machucam.

O caminho de volta

Envio uma mensagem para minhas amigas:
"Desculpem, aconteceu uma coisa ruim.
Estou bem, mas preciso ficar sozinha.
Prometo explicar tudo quando a gente se encontrar.
Sinto muito por ser uma amiga ruim".

Então começo a andar.
Kali não ficou para conversar,
mas eu não esperava que ela ficasse.
Pego o metrô na linha Central, e depois a Norte.
e saio para a rua solitária.

Eu deveria estar assustada.
Essa rua me deixa com medo.
Mas essa noite o medo sentou no banco de trás.
Caminho decidida até o apartamento
e vou direto para o meu quarto.

Então vou até a minha mesa,
abro uma página em branco no caderno
à minha frente,
começo a escrever,

e só paro no dia seguinte.

Para meninas feitas de fogo

(Uma página do caderno de Paro)

Menina,
você nasceu com um fogo dentro de você,
e este mundo faz questão de tentar apagá-lo.

Você vai entender quando tentar se impor
e ouvir que "não é feminino erguer a voz".

Você vai ouvir quando vestir uma roupa colada ao corpo
e sentir a sensação incômoda de ser despida
pelos olhos de homens que te chamam de coisas que você é jovem demais
para entender.

Você vai compreender a primeira vez que um homem
tentar usar a força para te obrigar a fazer algo
e você precisar usar seus punhos/dentes/pernas para afastá-lo.

Você vai entender quando vir
os olhos da sua mãe cheios de medo
porque você chegou uma hora mais tarde do que o combinado.

Mas você jamais deve deixar que apaguem
essa chama que há dentro do seu espírito.
Pelo contrário, queime mais forte do que nunca
porque você é filha das deusas
e pertence somente a você mesma, e não a este mundo.

Amanhecer

O sol nasceu em silêncio, deixando raios
que cortavam minha mesa. Enfim pousei a caneta
e olhei pela janela à medida
que a neblina fria revolvia a cidade,
as sombras do telhado dos prédios
sobrepostas ao céu em tons de laranja e dourado.

Por um momento, fico quieta,
e nenhum pensamento perturba minha paz.
Nada me assombra nesse silêncio.
Uma calma me invadiu.

"É isso que a gente sente
quando a poesia volta?",

pergunto ao quarto em silêncio.
Os raios do sol brilham
em contato com a imagem
de Ganesha que há no meu anel.

É como se eu pudesse ouvir sua voz dizendo:
"Sim".
É assim.
É assim.

Um pedido de desculpa

Quando saio do banho,
abro a porta do quarto e encontro
duas deusas lá dentro.
Só que essas não são as aparições
que vi até hoje.

Alexia e Joy me encaram, cheias de perguntas.
"Paro, por que você sumiu ontem à noite?"
Joy pergunta, visivelmente chateada. "A gente ficou com medo!"
"Pensamos que tinha acontecido alguma coisa
com você", Alexia acrescenta com olhos preocupados.

Elas param de falar quando enfim veem meu rosto.
Os hematomas estão inchados, muito roxos,
com tons de vermelho e azul nas têmporas.
"Minha nossa, o que aconteceu?!"
Parece que Joy vai chorar.

"Foi por isso que você saiu?" Alexia está furiosa.
"Você foi ao médico?
Quem fez isso com você?!"
Tento deixar o clima mais leve. Aponto para o meu rosto.
"Ah, não é nada. Vocês não imaginam como cara ficou."

Nenhuma delas dá risada.
Elas continuam me encarando,
os olhos cheios de apreensão.
Eu suspiro e, em um movimento brusco,
me sento na beira da minha cama.

"Desculpa por ter preocupado vocês.
Tinha um cara, e ele..."
Engulo em seco. "E ele...
digamos que ele trouxe à tona
lembranças dolorosas."

Aos poucos, revelo meu segredo mais profundo.
O vendedor de frutas. A feira.
O homem na festa.
O assédio. Meu desespero.
O que veio depois.

Quando termino de contar,
olho para elas.
"Desculpa", repito.
Joy me envolve com um braço.
"Não peça desculpa, querida."

"Nada disso foi culpa sua",
Alexia fala com firmeza
puxando a mim e a Joy
para um abraço protetor e carinhoso.

Tem momentos em que,
para ajudar alguém a sobreviver
a um acontecimento violento,
estas cinco palavras bastam:
"Nada disso foi culpa sua".

"Encontrar irmãs", dissera Ratri.

Eu enfim entendi
o que ela quis dizer.

O que aprendi sobre sororidade

Encha sua vida de mulheres que te empoderem,
que te ajudem a acreditar no que você tem de mágico,
e as ajude a acreditar naquilo que elas têm de mágico
e em seu próprio poder inigualável.

Mulheres que acreditam umas nas outras podem enfrentar qualquer coisa.
Mulheres que acreditam umas nas outras criam exércitos
capazes de dominar reinos e vencer guerras.

Nunca se esqueça:
só outras mulheres podem nos salvar,
só nós mesmas podemos nos amar.

A festa do Diwali

Minha casa chama meu nome
mais alto do que nunca.

Ouço na voz angustiada da mamãe.
Ouço no jeito que Nani diz "eu te amo".

Ouço até na voz do papai,
e acho que Indra só fica irritado com minha ausência.

Eu queria poder explicar que também tenho saudade.
Aqui a culpa tem se tornado minha melhor amiga.

Eu passaria o Diwali sozinha, lendo,
tentando me distrair.

Quando pego na estante a antologia da poeta Amrita Pritam,
um convite se solta e cai no chão.

É o convite que Sakshi me deu na Comunidade Desi,
e de repente sei o que vou fazer no Diwali.

*

Sakshi mora em uma casa grande com telhado vermelho e inclinado.
Meu apartamento fica parecendo minúsculo.

Tem três andares, e em cada janela há
uma pequena vela de led.

Dá para ver de longe;
a casa emana aconchego e burburinho

enquanto as outras casas estão em silêncio.
Levo uma garrafa de vinho.

Minha mãe sempre diz
para nunca ir à casa de alguém de mãos vazias.

Bato à porta
e Sakshi me recebe.

"Você veio! Que bom!"
Seu sorriso é contagiante.

"Feliz Diwali!" Eu lhe entrego o vinho
e a abraço apertado.

"Obrigada! Feliz Diwali!
Entra, entra!"

A mamãe ia adorar a Sakshi.
Ela é a garota sociável, querida e simpática

que ela sempre quis que eu fosse,
mas que eu nunca poderia ser.

Mas assim que penso isso, ouço Joy gritando na minha cabeça
para não nos compararmos, e paro na mesma hora.

Eu a acompanho e chegamos a uma sala imensa.
O cheiro de ladoos doces e samosas

me segue aonde quer que eu vá.
E lá, em uma sala com pelo menos trinta pessoas,

eu o vejo. De kurta azul e calça jeans,
atento à conversa. É o Devon.

Eu estaria mentindo para mim mesma se fingisse
que não há algo nele que me instiga.

Devon tem olhos profundos e curiosos
e um jeito meigo.

Eu já havia notado que ele arranja tempo para todos
e não se importa nem um pouco com status.

Mesmo assim, ele me deixa nervosa
do mesmo jeito que Mahi me deixava nervosa.

Mas ele me parece tão familiar.
Como se já nos conhecêssemos de algum lugar.

Nossos olhares se encontram, ele pede licença
e se aproxima de mansinho. "Oi!", ele diz.

Sakshi olha para nós dois. "Vocês se conhecem?"
Devon faz que sim. "Sim, a gente se conhece. Paro, que linda você está!"

Fico corada e me repreendo na mesma hora. "Oi."
"Que bom, vou pegar alguma coisa para você beber! Vinho?", pergunta Sakshi.

"Sim, por favor! Vinho, se tiver", respondo contente.
"Claro!" Ela se perde entre as pessoas.

Eu volto a olhar para Devon,
e de repente não há mais ninguém na sala, só ele.

O sorriso dele me deixa com as pernas bambas

"Feliz Diwali!",
eu digo, envergonhada por encará-lo.

"Pra você também",
ele responde.

"Tudo bem com você?",
nós dois perguntamos ao mesmo tempo.

Damos risada
e ele pigarreia.

"Paro, tem uma coisa
que queria te perguntar já faz um tempo."

Eu inclino a cabeça e olho para ele.
Ele vai mesmo fazer o que eu estou pensando?

Ele levanta a mão para coçar a cabeça
e vejo a tatuagem em seu antebraço.

O trishula de Shiva. Antes que eu possa falar,
ele abaixa o braço.

"Quer sair para jantar um dia desses?
Só eu e você?"

O frio na barriga toma conta de mim,
e sinto que estou flutuando.

É tão fácil assim chamar alguém para sair?
Queria ter feito isso com Mahi.

"Eu..." Respiro fundo, bem fundo
antes de falar de novo.

"Eu gosto de você, Devon,
quero ver onde isso vai dar,

mas é melhor você saber
que sou bissexual. Já me relacionei com uma garota.

Se você não se incomodar com isso,
eu adoraria sair com você."

É a primeira vez que digo isso em voz alta.
E um alívio profundo e o orgulho transbordam.

Ele parece surpreso, mas logo faz uma expressão
de simpatia. "Obrigado por ser sincera."

Mas eu não digo
Obrigada, eu nem sempre fui.

Parece um grande passo para mim.
Eu espero por sua resposta, tentando parecer tranquila.

"Isso não muda nada.
Eu gosto de você, Paro. Muito."

Solto o ar que eu estava segurando e nem sabia.
"Ah, que bom." Não sei mais o que dizer.

"Outros caras deram para trás porque você é bissexual?"
Ele fica chocado, depois bravo. "Quanto preconceito!"

"Não", eu me apresso em dizer.
"Na verdade eu... nunca saí com homens."

Penso em mencionar Mahi,
mas logo desisto.

Um olhar confuso surge em seu rosto.
Ele vai perguntar alguma coisa,

mas bem na hora Sakshi aparece com meu vinho
e brinca com Devon. "Chega de monopólio!

Quero que ela conheça todo mundo."

A ligação

Sakshi me pede para ficar mais tempo,
e eu quero,
mas tem algo que preciso fazer.

Eu me despeço
e faço o trajeto de volta,
o coração batendo forte o tempo todo.

Essa talvez seja a coisa mais corajosa que já fiz.
Sento de pernas cruzadas na minha cama,
pego o celular e ligo.

"Alô", a mamãe diz.
Sinto um aperto no peito.
Parece que vou explodir.

"Oi, mamãe. Olha, só ouve, tá?"
Entendo que o silêncio é uma confirmação,
então digo:

"Mamãe, eu sei que você não se sente à vontade
falando disso. E nunca falamos disso antes.
Mas é importante para mim que você reconheça o seguinte:

eu sou bissexual. Não gosto só de garotos.
E por muito tempo eu achei que isso era errado.
Que por isso eu era suja de alguma forma.

E agora eu sei que não sou.
Não sou errada por amar quem amo,
porque o amor é uma coisa linda.

Foi você quem me ensinou isso,
com toda a sua bondade e gentileza.
Por isso eu só queria te ligar e te dizer

que ainda sou sua filha, mamãe, e amo você.
Mas não vou mudar essa característica minha.
Isso é quem eu sempre vou ser".

Eu me recosto na cama e fecho os olhos,
esperando que minha mãe me dê uma bronca,
ou pior, que desligue na minha cara.

Mas não. Ela diz:
"Paro, eu tive muito tempo para pensar nisso.
Sinto muito por ter te mandado embora.

Eu não soube lidar com isso na época.
Mas agora eu sei.
Li alguns livros

e estou tentando entender as coisas
desde que você foi embora. Não me importa
quem você ama desde que você seja correspondida.

Você é minha filha, Paro.
E te amarei para sempre, aconteça o que acontecer.
Jamais duvide disso".

Sinto as lágrimas correndo pelo meu rosto
só quando ela termina de falar.
Abraço minhas pernas e choro sem parar.

De repente me sinto mil vezes mais leve.
"Eu te amo, mamãe."
"Também te amo, Beti Rani."

Ouço toda a emoção que há em sua voz,
embargada pelas lágrimas que agora podemos chorar juntas.
Depois de alguns minutos de silêncio, ouço ela dizer,

"Quando você vier,
vamos visitar a deusa
em Vaishno Devi."

O livro

Eu o encontro no meu quarto depois da aula.
Estou acostumada a acordar com deusas,
então o livro não me surpreende.

Na verdade,
tudo tem feito sentido ultimamente,
e me sinto estranhamente em paz.

Amanhã vou passar o dia
ajudando Joy em sua mudança
para um apartamento com Alexia.

Mais tarde, devo encontrar Devon,
vamos pintar juntos,
como fizemos em nosso primeiro encontro, meses atrás.

Hoje também é o dia em que descubro minha nota final.
Não é um A. É um B.
Mas não me importo.

Agora eu entendo que
o crescimento,
o verdadeiro crescimento, é lento.

Dar um passo de cada vez
é muito melhor
do que dar saltos imensos.

Minha vida enfim parece entrar nos eixos
por meio de pequenos milagres,
e paz interior, e famílias que escolhemos.

Então sei, no momento em que vejo
o livro sobre a minha mesa à janela,
que ele foi deixado lá, para mim.

Eles me conhecem tão bem.
O que uma poeta gostaria mais
do que um volume com capa de couro e páginas douradas?

Eu o pego com cuidado
e observo cada detalhe.
O cheiro é de algo histórico

que sobreviveu a séculos.
Coloco o livro na minha frente
e o abro com cuidado.

As letras brilham na página,
e dançam, mudam, se transformam
diante de meus olhos.

E enfim
começo a ler
o que reconheço ser a nona história.

Que no meu próximo **nascimento** eu tenha um pai que eu respeite...

A nona história

Muitos anos atrás, havia uma rainha chamada Prasuti. Ela e seu marido desejavam profundamente ter uma filha. O senhor Brahma, ciente do anseio do casal, pediu que renunciassem à realeza por um tempo e rezassem como santos a Mahadevi, mãe de todos nós.

Mahadevi, ao ser chamada com tanto fervor, os despertou de suas orações. Ela concordou em lhes dar a filha que desejavam, mas Prasuti, a rainha, pediu à deusa que ela mesma reencarnasse na filha desejada. Mahadevi os alertou que, se algum dia fosse ofendida, ela retornaria para seu lar em meio às estrelas.

O casal concordou, e a deusa mais uma vez renasceu como Sati, uma princesa no palácio de Daksha e Prasuti. Brahma, que tinha feito tudo isso com um plano em mente, pois queria que Sati se casasse com Shiva, adorava divertir a jovem princesa com histórias e lendas sobre Shiva. As histórias chegavam a ela pela boca de cortesãos e criadas, e às vezes até pelos próprios deuses.

Dessa forma Sati se apaixonou por Shiva muito antes que ele soubesse quem ela era. Para conquistá-lo, ela abriu mão de seus luxos e se entregou a mil penitências rigorosas. Suas orações eram tão intensas que nem o grande Shiva conseguiu resistir, apaixonando-se por ela com a mesma facilidade com que meditava. O pai de Sati, o rei Daksha, um homem mesquinho, se opôs veementemente a essa união, pois Shiva, com seus trajes simplórios, suas serpentes e sua renúncia ao luxo, o deixava incomodado.

Ainda assim, Shiva e Sati se casaram, e ela foi morar com o marido em Kailash, seu lar.

O rei Daksha, com o ego ferido, decidiu se vingar, planejando um ritual yagna e pedindo a todos os deuses e deusas e à realeza que comparecessem, exceto sua filha e seu marido.

Sati, ao saber do yagna, resolveu ir. Shiva, porém, se recusou a acompanhá-la.

Em vez de dar boas-vindas a sua filha, o rei Daksha ficou furioso. E disse a ela com frieza: "Você não foi convidada ao palácio".

Sati tentou acalmar o pai, dizendo que o amava. Nada funcionou. Daksha foi ficando cada vez mais furioso, e enfim gritou: "saia daqui! Você não é mais minha filha".

Com aquelas palavras, a face de Sati se obscureceu de fúria. Sua voz fez estremecerem as paredes do palácio. "Você não se lembra, ó, rei, com quem está falando? Eu não sou sua filha, eu sou a deusa!"

Nesse momento ela assumiu sua forma celestial e começou a destruir o palácio de Daksha, seu reino e muito, muito mais.

Na mesma hora Daksha ajoelhou-se, pedindo perdão; até Prasuti rezou para que a deusa parasse. Todos os deuses tentaram interceder, mas era tarde demais. Sati renunciou a todos os seus relacionamentos, incluindo seu casamento, para que nada pudesse detê-la.

"Que no meu próximo nascimento eu tenha um pai que eu respeite, e que me respeite também." Então ela sacrificou seu corpo mortal por meio de um milenar poder iogue.

Shiva, tomado pela dor, ao saber da morte de Sati, submeteu-se a uma dança da destruição que espalhou terror por todo o universo. Ele criou mil divindades malignas para ajudá-lo na destruição. A Terra queimou. Planetas explodiram, estrelas morreram muito antes do que deveriam. Muitos deuses, mortais e monstros pereceram.

Depois de uma era de destruição, Shiva, que também era todo-misericordioso, desfez toda sua destruição e devolveu o mundo ao que era antes do Tandava. Em seguida ele carregou o corpo de sua esposa, em tristeza e luto, e vagou pelo universo. Perdido sem ela.

Vishnu, que não suportava ver Shiva sofrendo tanto, já que eram irmãos, prometeu-lhe a paz e pediu para que se despedisse do corpo de Sati, que foi dividido em cinquenta e uma partes. Essas partes caíram sobre a Terra, e cada uma se transformou em um novo lugar de adoração à deusa.

Depois de muito tempo, a deusa renasceu como Parvati, uma filha das montanhas do Himalaia e devota de Shiva. Dessa vez, ela nasceu filha de um pai que respeitava o marido dela. E, quando chegou à idade certa, ela se casou com o senhor Shiva e ascendeu como Parvati, deusa do amor, da devoção e da fertilidade.

Esta história deveria terminar aqui.

Mas não é assim que os contos dos deuses e das deusas funcionam. Veja bem, a imortalidade é complicada. É por isso que existe a reencarnação. O divino deve nos acompanhar ao longo das eras. A cada nove séculos, os deuses e deusas reencarnam. Afinal, de que serve uma divindade se ela perder a habilidade de se emocionar com a profundidade dos seres humanos? De que serve o infinito se não há razão para evoluir ou renascer em humildade?

Quando uma deusa reencarna, ela não se lembra de quem foi antes. É por isso que a tarefa do divino é lhe contar histórias. Orientá-la. Despertar a deusa que existe dentro dela, para que ela saiba o que fazer. Para que ela também possa despertar os outros deuses reencarnados, pois o destino e o dharma convoca a todos eles. Essa é sua tarefa.

Este é seu livro.

Cabe a você preencher o restante destas páginas.

Eu respiro fundo

Pois tanta coisa começa a se encaixar...

O motivo das visitas das deusas.
As lições de Shikhandi.
E o fato de Ganesha parecer tão familiar.
Meu amor pelo tarot.
Pela poesia e pela arte.
O fato de Indra ter ganhado o nome do deus dos ventos.
A sabedoria e a magia da Nani.
A bondade e a sabedoria da mamãe.
Por que conheci Joy e Alexia.
A tatuagem de Devon.
E por que ele também pareceu tão familiar.
As lições que tive que aprender
com a dor.

Esse era o motivo.
Esse era o motivo.

Todo mundo me chama de Paro,
mas meu nome sempre foi Parvati.

Agora é a minha vez
de contar essa história.

Upasanhaar
Epílogo

Mamãe e eu visitamos Vaishno Devi

Eles não me visitam mais.
Sei que agora a jornada é minha.

Mas, às vezes,
acho que ainda consigo vê-los.

De canto de olho,
vejo um relâmpago carmesim e dourado desaparecer.

Encontro um murti de Ganesha à minha janela,
esculpido em pedra, com olhos brilhantes de ônix.

Os contos milenares sempre dão um jeito de me encontrar
nos momentos em que mais preciso deles.

Não sei o que me aguarda.
Mas sei que não tenho medo.

Vou enfrentar o que for com coragem no coração
e um sorriso no rosto.

É que a primeira vez que de fato coloco minha magia em prática
é sob o cuidado da deusa da montanha.

Com minha mãe ao meu lado,
penso no dia em que eu talvez tenha uma filha

e me pergunto se gostaria que ela fosse como eu.
Metade menina, metade deusa, cheia de histórias.

Então rezo para a mãe divina que está no céu,
a mesma que me protegeu por tanto tempo.

E digo: "Se um dia eu tiver uma filha,
por favor, ensine a ela tudo que me ensinou.

Faça-a mais forte do que jamais fui.
Mais esperta e sábia do que jamais serei,

ensine-a a ser corajosa e verdadeira
sobre quem somos, e a viver com graciosidade".

Eu digo: "Se fizer isso para ela,
ela também se tornará sua filha.

Abençoe-a como me abençoou
com a divindade renovada".

Agradecimentos

Eu gostaria de agradecer:
  A meus pais, que me ensinaram a defender as coisas em que acredito, e defender a mim mesma.
  A meus avós, por sempre terem sido um exemplo de coragem e sobrevivência.
  A meu irmão, por sempre estar lá quando precisei.
  A Steve, por seu coração.
  A Leopoldo, por seu espírito livre, criativo e generoso.
  A Nikesh, por ser uma força do bem e um defensor dos jovens que escrevem e fazem arte, em todos os lugares.
  A Niki, por ser uma joia de ser humano e uma agente inesquecível. Eu não poderia ter escrito este livro sem você.
  A Trista, por ser a amiga e editora de que eu e este livro precisávamos. Mal posso expressar minha gratidão às horas e horas que você dedicou a este meu livro-filho.
  A Yena, por ter dedicado seu tempo à leitura e me oferecido comentários tão incríveis.
  A Tristan, Joanna e Oscar, por serem amigos tão generosos e maravilhosos.
  A Emma, por seu apoio constante, por ser minha editora, minha amiga e por me ajudar a dar vida a este livro tão especial.
  A Clare e Layla, vocês duas sempre estarão em meu coração.
  A Dean Atta, Yrsa Daley Ward, Max Porter e a todos os escritores geniais que criaram todos os lindos romances em verso e memórias que já li.
  A Salena, Joelle, Brigitta, Nadine, Safiya, Salma, Carlos, Roger, Nerm, Sanah, Sophia, Anoushka, Shruti, Uzma, Susannah, Kate, Sim, Gaby: vocês me inspiram o tempo todo.
  A Alison, Shaun, Rebekah, Dave, Clara, Annie, Lauz, Emma, Heather, Matt, Faye: pelo amor e apoio.
E, por fim, a você, leitoras e leitores. Por me acompanharem nesta jornada feita de histórias, família, amadurecimento, perseverança, amizade, amor, mitologia e autodescoberta. O divino também vive dentro de vocês. Espero que vocês encontrem o que procuram.
  Com poesia, ternura e amor,

Nikita

NIKITA GILL é uma poeta, escritora e ilustradora nascida em Belfast. Ela escreve desde pequena e, acostumada a criar versos para tudo que observava, se entregou ao mundo da poesia. Há quase dez anos ela compartilha seus versos no Tumblr e Instagram, onde tem mais de meio milhão de seguidores. Seu trabalho oferece reflexões sobre amor, empoderamento e saúde mental, e muitos de seus livros recriam os contos de fadas e mitos gregos com uma abordagem mais moderna. É autora de vários livros e coletâneas como *Your Soul is a River, Great Goddesses: Life Lessons from Myths and Monsters, Where Hope Comes From* e *Contos de Fadas & Poemas Vorazes para Alimentar a Alma*, já publicado pela DarkSide® Books.

me levanto/ sobre o sacrifício/ de um milhão de mulheres que vieram antes/ e penso/ *o que é que eu faço/ para tornar essa montanha mais alta/ para que as mulheres que vierem depois de mim/ possam ver além – legado* **RUPI KAUR**

DARKSIDEBOOKS.COM